小学館文庫

苦しまない練習

小池龍之介

小学館

苦しまない練習

小池龍之介

小学館

はじめに

「私は苦しむのが好きなのです」
そういう奇特な方は、おそらくこの世にほとんどいないのではないかと思われます。私たちは誰しも、少なくとも主観的には「苦しみたくなんかない」と思っていることでしょう。

ところがその割には、別に怒らなくて良いことで怒ってわざわざ苦しんだり、別に心配しなくて良いことを心配してわざわざ苦しんだり、別に後悔しなくて良いことを後悔してわざわざ苦しんだりするのが、私たちヒトという生き物の姿です。意図とはうらはらに、私たちの深層心理はある意味、「苦しみたい」という衝動で動いているという側面があります。

「苦しむ」ことによって分泌される不快な脳内麻薬がビリビリと刺激するとき、私たち個人は「イヤだ」と感じますけれども、心の仕組みにしてみると「多量の刺激を得ることができて好ましい」とばかりに歓迎していることだったりするのです。

例えば、仕事がうまくいかず他人から白い目で見られて「ガーン」とショックを受けるのは、誰しもイヤだと思うことでしょう。誰しもできれば「引きずらずに気持ちを切り換えていきたい」と思うことでしょうけれども、実際は一時間後にも半日後にも引きずって思い出し、「あーあ」と苦しむかもしれません。「ガーン、あそこであんな失敗するなんて情けないなあ。これで皆の信頼を失ってしまったらどうしよう……」なんて。

こうして「苦しみ」を一度感じると何度もリピートしてしまうのは、苦しむことを心が実は歓迎しているからにほかなりません。それは、私たちの生き物としての、生存本能と関わりがあると私は捉《とら》えています。自分の生存にとってマイナスとなるような出来事からは逃げ出して生き延びやすくするために、不快な状況に置かれると脳内に不快な神経物質が発射され「危険だ、逃げろッ」という信号を出します。生き物の仕組みとして、こういった不快な信号が出ることは生存に役立つことになっているため、脳は「不快信号が出ることは良いことだ」と感じるようにできている、と申すこともできるかもしれません。

こうして「苦しみ」の信号が危険回避をしてくれるために、生きるのに役立っているのは一応の事実です。しかしながら私たち個人はそれを通じて一度出合ったマイナス情報を強烈に記憶してしまい、繰り返し思い出しては苦しむハメになる。うーん、ちょっと割に合わない気がしてこないでしょうか。

自分にとってマイナスな情報を記憶しておくために何度も「苦しみの神経回路」を刺激することが、必ず危険回避に役立つならまだ良いでしょう。しかしながら失敗した仕事について「やだよー」と苦しみ始めますと、大事な仕事に苦手意識がついて投げ出したくなり困ります。対人関係で、ちょっと友人に傷つく言葉を言われたくらいで「やだよー、危険だから逃げなさい」と苦しみ始めると、人づきあいに苦手意識がついて困ります。

そう考えてみますと、もともとは危険回避に役立つはずだった「苦しみの神経回路」は、暴走すると「イヤなことを忘れられない」とか「苦手意識がこびりつく」とか「逃げグセがついてしまう」といった「危険」をもたらすことがわかることでしょう。

そのうえこうして「苦しみの神経回路」が活性化されるのがクセになりますと、心が興奮しやすくイライラしたりソワソワしたりムカムカしたりしやすくなり、心の安らぎが破壊されてしまいます。

こういった「不快状態」に心を陥れる不快な脳内麻薬は、中毒性のしろものでありますために、イヤなはずなのになぜか、ついついクセになってしまいやすいのです。そしてちょっと批判されたり、ちょっと他人からのメールの返信が遅いくらいのことですぐイライラして、「苦しむ」のがクセになっていってしまいます。この「クセ」がついてゆくことを仏道の言葉で「業を貯《た》める」と言い換えることもできるでしょう。「苦しむクセ」がしみ込めばしみ込むほど心は興奮しやすく、他人に対する態度も、無意識的に落ち着きなく余裕のないものとなりがち。それは人づきあいにも大きな悪影響をもたらします。

生き延びるために仕組まれているはずの「苦しみ」は、それが麻薬的に神経を蝕《むしば》むがゆえに、放っておくとこのように暴走してしまう。その暴走を食い止めるべく、「むやみに苦しまない」練習をしてみましょう、というのが本書の中心テーマです。

苦しみを心から取りのぞくことに関してはエキスパートだったブッダが残した、古いことばを手がかりにして、この現代を苦しみなく愉快に過ごすための智慧《ちえ》を探ってみましょう。

彼は今から二五〇〇年前、悟りを開いたときから「目覚めた人《ブッダ》」と呼ばれるようになり、インドで人々に心のトレーニング方法を教える先生として活躍しました。

ブッダが彼の生徒たちに教えていたことは「四諦八正道《したいはっしょうどう》」にまとめられるのですけれども、それを一言で言い表しますなら「苦しみの病原菌を見つけて治療しましょう」ということ。すなわち「苦しまない練習」と言い換えることができることでしょう。

ブッダはケーサという村に住む人々から「誰の言っていることが正しくて誰が間違ったことを言っているのか判断する基準を教えてください」と質問されたとき、シンプルかつ明快に答えています。「それが苦しみを増やすものなら間違っている。苦しみを無くすものなら、それが正しいといえる」と。

つまり、物事を判断する際に本当に大切な物差しは、実はすこぶるシンプル。それは苦しみを増やすのか、減らすのかを心と身体で確かめさえすれば良いのです。いわば、「苦しみ」のリトマス試験紙によって確かめて、自分が苦しまない選択ができれば、私たちは心穏やかに、幸福に生き抜くことが叶《かな》うでしょう。

ところが私たちは、そういった「苦しみのシグナルをはっきり確かめること」や「心身を調べてみること」をせずに、いいかげんに行動し、話し、いいかげんに考えていることがしょっちゅうです。つまり無意識に、無自覚なままに、行動や言葉や思考を行っている。

それが無自覚であるがゆえに、本当は自分にとって苦しみを増やすようなネガティブ思考がクセになっていたり、苦を増やす言葉や行動がパターン化していたりもしています。

例えばついつい、人前で調子に乗ってペラペラしゃべりすぎたことを、後になってから「軽い人間だと思われたかな」と後悔して何となく気分が沈んでしまう。こんなネガティブ思考は苦しみを増やすだけですのに。

あるいは、頼まれごとを断るに当たってついつい嘘《うそ》をついてしまう。例えば「引き受けたいのはやまやまなんだけど、今はたまたま仕事が忙しくて残念(心の声：本当はヒマなんだけどあなたからは引き受けたくないんです)」などと嘘をつきますと、本心との矛盾が生まれて苦しみが増えますのに。

あるいは椅子《いす》に座って仕事をしていて疲れてくると、ついつい姿勢を崩して背を丸めたくなる。丸めることで背に負担がかかり、疲れはもっとひどくなりますのに。

このように、思考も言葉も行動も、適当に放っておくとついつい苦しむ方向へと勝手に進むようにできています。ここでのポイントは、苦しんでいる現実を見ずに頭が「ラクになれるはず」と錯覚しているところにあります。

これらの三例では、「後悔すれば今後は繰り返さなくなるはず」「嘘をついて取り繕えば相手をムカつかせないはず」「背を丸めると緊張が取れるような気がする」といった具合に。

しかしながら実際はどのケースも、苦しみを増している。脳内で思い込んでいる「ラクになる」というのは、しばしば心や身体の現実を無視したものとなっているのです。頭が「ラクなはず」「気持ち良いはず」と錯覚しているものについて、実際に心と身体をチェックしてみると、実はそれらが苦しみでしかないことがわかります。

そうして「ほら、実際は苦しんでるでしょ」と現実のデータを突きつけて認知させてやりますと、少しずつ錯覚が壊れます。錯覚を取り除いて「実は苦しくなっている」と気づかせてやると、自然に心は、苦しくなる思考パターンや話し方のパターンや行動パターンを手放す方向に、変化していってくれます。

ですから、頭の中に作り上げられた思い込みを取り外していただいて、実は日常のささやかな場面でいつのまにか苦を生じさせていることに、まずは自覚的になってみましょう。

そうすると自分が好きなつもりで行っていた思考や言葉や行動が、実は自分をラクにはせずに苦しめているのだということに、少しずつ気づき始めることでしょう。頭ではなく身体感覚をチェックして「ああ、実はこれは苦しいんだな」と腑《ふ》に落としてやりますと、自分にしみついていたイヤな思考、言葉、行動のパターンが抜け落ちていって、心身ともに軽やかになります。

この「苦しまない練習」は、言うなれば不快感の発生する神経回路を意志により制御する道のりとも申せましょう。

「おやまあ、実は知らないうちに、こんなことでも苦しくなってたのか」と感じていただき、苦への発想を転換するきっかけとなりさえすれば、本書の目的は半ば達成されたことになるでしょう。

では、この「苦しまない練習」のヒントを私たちにくれるブッダとは何者でしょうか。おそらく辞書や教科書には、「仏教の開祖」とか「シャカ族の王子として生まれ二九歳で妻子を捨てて出家し、三五歳で坐禅中《ざぜんちゅう》に悟りを開き、八〇歳で死ぬまで弟子たちを指導した」とか、そういったことが記されていることでしょう。

この本では、「仏教の開祖」とやらに祭り上げられ神格化されたブッダを取り上げるわけでもなければ、読者の方々を「仏教」という限定された枠の中に囲い込もうと思っているわけでもありません。ブッダ自身は、彼自身が崇拝されることにきわめて否定的で、何度も「私に依存せず、自分自身の心と身体を拠《よ》りどころにするように」と言っていたのですから。

つまり本書は「宗教」の本でも「仏教」の本でもない。ブッダという古代の先生が残した「言行録」に耳を傾け、そこから現代を生きる私たちが習《なら》い、役立てることのできる道具を引き出そうという本なのです。あくまでもブッダの説いたことは、苦しみという名の川を渡って乗り越えるための筏《いかだ》、すなわち道具なのですから。

それではこれから、その川を渡り始めてみましょう。その行程では、各項目ごとに鈴木ともこさんが描いてくださった愉快な四コママンガが、クスッと笑わせてくれることでしょう。

目次

漫画　鈴木ともこ
装丁　三木俊一
写真　佐藤克秋

第1章

人づきあいを整え直す

他人との適切な
距離感がわかると
疲れない

lesson 1

非難に備える

君が誰かに悪口を言われても、「悪口なんて、原始時代の昔からずーっと続いてきた、当たり前のことだよね」と思い出すと良い。

人々は、沈黙している人を「むっつりしている」と非難し、たくさん話す人を「やかましい」と非難し、あまつさえ穏やかに適度に話す人をすら「何か裏があるに違いない」などと非難する。

みんなとにかく何かにケチをつけたがっていて、強引にでも理由を見つけてケチをつける。世間というのはしょせんこんなもの。

「誰にも非難されない人」なんて歴史上一人もいなかったし、現在にも未来にもそんな人は一人たりとも出てこないだろう。

『法句経《ダンマパダ》』227〜228

人から非難された時、私はしばしばこの言葉を思い出します。

もしも一〇人を相手に話したら、その一〇人はたまたま自分の言葉に賛成してくれるかもしれませんけれども、発信する相手が二倍の二〇人になりますと、受け取る母数が増える分だけ、誰かしら不愉快になる人が含まれる確率が高まることでしょう。

特にブッダほど有名人となれば、多くの人に名前が知れ渡っていましたから、一部の人たちからは賞賛されましたけれども、一部の人たちからはひどい批判や誹謗《ひぼう》中傷も受けていたと言われており、そのありさまは仏典の中にもいろいろ記されています。

自分の考えが多くの人から認知されればされるほど、確実に、一〇〇%の確率で、それが気に食わないと思う人が出てきます。

人の好き嫌いは千差万別ですから、おしゃべりな方が良いという人は必ず世界のどこかにいますし、反対におしゃべりが嫌という人も必ずいるものです。人の心にそうした好き嫌いがあるのはしょうがないことですから、自分たちにとっての「好き」を語ることは、必ずやどこかの誰かの「嫌い」を刺激するものなのです。そうである以上は、絶対に誰かからは非難されるようにこの世界はできています。

過去にも現在にも未来にも、世界のどこにも、陰口を叩《たた》かれない人や非難されない人はいやしない。

現代では、インターネット上のさまざまなツールを介して不特定多数の人に向けた自分のふとした発言が、非難されてしまうことも多いでしょう。

インターネットのコミュニケーション・ツールで否定的なコメントを返されたり、自分が主張していることに対して、その考え方はおかしいという指摘をされたりしてしまうと、ズキズキッと痛みが身体に走って、その傷ついた怒りのせいで、しばらくの間、ものが手につかなくなってしまうかもしれません。

それは、私たちの心のどこかに、「この偉大な私が否定されるのはおかしい、誰もが認めてくれないと許せません」という妄想があるからです。

頭では、「そりゃ、人それぞれいろんな意見があるよね」と相対主義者を決め込んでいる現代人は多いものですけれども、心の底では「そうはいっても、自分の考えが一番正しくて素敵なんだもん」という幼稚な思考の方が強かったりするものです。

「人それぞれだから」などというキレイゴトによってわかっているつもりでも、実際はそれをお題目のように唱えてごまかしているだけで、心の底では正反対のことを考えているのを、本人すら知らないでいたりします。すなわち、腹の底では「自分の考えに一人残らず同調するべきだ」と思っているのです。

ところが現実には、自分の見解に同調しない人が現れますので、都合の良い脳内妄想が壊されてしまうため衝撃を受けます。

それが嫌でしたら、考えへの執着をスッパリ捨てればいいのですけれども、自分の中のどこかで、非難ではなく賞賛されればいいなという期待があるからやめられない。自分の見解をまわりの人に認めさせることによって、自分の考えは正しいというイメージを常に脳内で形成し続けたいがゆえに、非難されるリスクをうっかり忘れて楽天的になってしまう。他の人に認められることで、自分は正しいという妄想を脳内でこしらえたいのです。

必ず誰かが、あなたに反感を抱く

見解を述べる者に対して、必ず非難があるのは当たり前の話です。

なぜなら、仮に好みが似ている人同士であってすら、人によって、その「好み」の背景にある個人的な記憶の構造がまったく違います。

例えば、ある音楽を素晴らしいと思ったとしましたら、自分がその音楽を聴いたシチュエーション、さらに言えば誰と一緒に聴いたとか、どんな季節に聴いたとか、それを聴いた時に自分は幸せだったとか、いろいろなかたちで記憶がこびりついていることでしょう。

ですから、その音楽を良いと思っている人が一〇〇人いたら、記憶のされ方には一〇〇パターンの別々の組み合わせがあり、その違いに応じて異なる印象が生じています。

それを「良い音楽だね」という表現で大雑把《おおざっぱ》にまとめてしまうと、「うん、良い音楽だね」と同意できるでしょう。けれど、同じ「良い音楽だね」という言語記号によってわかり合えたつもりになっていたとしましても、その時に刺激され、お互いの心の中でうずく記憶のコンビネーションがまったく違うので、本当にわかり合うということは不可能です。

ところが、なまじっか「わかり合えた、わーい」と錯覚してしまいますので、その期待の分だけ、相手との細かい違いがわかるとイライラしてしまいがちなのではないでしょうか。たいてい、人は言っていることが似ている者同士の間ほど、争いになりやすいもの。一見、同じことを言っているように見えて、実際にはそれを成り立たせている過去のフィルターが違います。そこで相手の言っていることが正しいと認めてしまうと、それと違う背景を持っている自分の正しさが壊れてしまうので、苦しくなってきて、つい反撃したくなるのです。「その曲が良いのはもちろんだけど、その解釈はちょっと違うんじゃないの」というように。

ある見解を出した途端、他の人たちのそれにまつわる記憶を思い起こさせ、それを脅かす。結果として、ある種の人たちの反撃を招くことでしょう。ひょっとしたら、人格まで攻撃されるかもしれません。

ブッダも、ひどい攻撃や嫌がらせを受けていました。批判されるだけでなく、他の宗教のリーダーから刺客を送られたり、ブッダの子を孕《はら》まされて捨てられたと訴える妊婦が公衆の面前でブッダを罵倒《ばとう》したりもしました。途中で妊婦のお腹《なか》から詰め物が出てきてしまい、嘘《うそ》であることがあっさりバレてしまったわけですけれども。

ある見解を立てたら、その見解を受容できず反感を抱く人が必ずこの世に一人以上、存在する。どんな見解に対しても必ずや反対者は出るのが当たり前。その反対者は心の中で非難の言葉をデータ処理して、それが高じると言葉や行動としてアウトプットするであろう。それが、この世界の成り立ち、人の心の成り立ちなのだと認識していた方が良いということ。

つまるところ、世の人々に「わかってほしい」という甘えや期待を抱くのをスパッと捨てて、先に幻滅しておくことが肝要とも申せましょう。

甘えているからこそ非難されると腹が立つのでありまして、幻滅しておきますと、

非難されない人なんていないんです
はい
ブッダでさえ激しく非難されてたんです！
そうなんですか

「ああ、反撃されたッ」という衝撃がいちいち生じません。世界の成り立ち通りの「ごく自然《ナチュラル》なことが起きているだけなんだ」と流せます。

そしてさらに余裕があれば、このように考えてみます。「そうか、自分がそういう非難を受けた背景には、その人が非難したくなるような意見を確かに自分が述べていて、その人の何かしらの見解や過去を傷つけてしまったという以上、自分自身の蒔《ま》いた種

だよね。傷つけてダメージを与えて、可哀想《かわいそう》なことをしてしまったなあ。その人はそうして傷ついた結果、その人特有の自己保存欲求に基づいて、無意識的な自己防衛本能により私を攻撃して、自分自身を納得させたいのだろうね。それはそれで必然的なプロセスみたいだし、ま、いっか。仕方のないことだから、受け入れてしまいましょうか」と。

もちろん非難する人は一人ではなく、もっといるかもしれません。ある見解を立てた以上、それは必ず生じることで、当たり前の結果が生じているのだな、という認識を常に持つ、つまり「幻滅のバリア」で防御すること。そうすれば、何を言われてもジタバタすることなく、「うう、苦しい……と思ったけれど、ま、いっか。言わせておいてあげましょう」と涼しく放っておけることでしょう。

lesson 2

大人になる

君のまわりにいる人たちは、君と親しくすることで「私にどれだけ利益《メリット》があるかな」「僕がどれだけ楽しくなれるかな」とばかりに、ひそかに損得勘定をしている。優しくしてくれるときですら、ひそかに感謝されたがっていたり無意識に見返りを求めていたりする。

今の世の中では、打算なき真の友だちは、めったに見つからない。人々はこざかしくも損得勘定のそろばんをはじいてばかりで、君を食いものにしようとしている。ゆえに真の友が見つからない時は、いっそのことただ独り歩むのが潔い。

そう、まるで一本だけシャキンと突き出た犀《サイ》の角《つの》のように。

『経集《スッタニパータ》』75

世の中の人間関係は、たいてい相手と仲良くすることで自分にどんなメリットがあるかを損得計算することで成り立っています。そんな中で利害関係のない本当の友だちを探そうと思っても難しいことである、ゆえに他者への甘えや依存から離れて、独立していなさい、とブッダは言いました。

一見、とても厳しい言葉ですけれども、「誰とも付き合うな、誰も信じるな」という暴論ではありません。「精神的に独立していましょう」というメッセージなのです。

では、精神的に独立できず、他人に依存したくなるのは、どんな時でしょうか。

仕事上での付き合いでは、打算や利害関係があって当たり前ですのに、無意識的に相手に愛情や友情を求めてしまうことも結構あるように思われます。

雑誌などには、その心理を利用するあこぎなテクニックが紹介されていたりもします。例えば商談を前面に押し出さず、相手のプライベートな話をよく聞いて、必ずしも商売だけが目的ではなく、「純粋にあなた自身に興味があるのですよ」というニュアンスを伝え、相手のナルシシズムを刺激してこちらに依存させるという作戦。相手が愛情を欲している気持ちにつけ込んで、「この人から買いたい」と思わせる。

一般的に、こうした方法が有効なのは、本来、人間には「条件無しで一人の人間として愛してほしいよーッ」という欲求があるからです。自分の持っているものや社会的な影響力、役職などに興味を持たれるのでなく、無条件に愛されたいと思っています。

無条件の愛を求めるから苦しくなる

先日もある精神科医の方と対談をしていて意見が一致したのが、人が求めているものは結局のところ、「無条件で自我を肯定される」ことではないかということでした。患者としてやってくる方たちは、幼児が無条件にひたすら愛されようとするように「無条件の愛」を求めているようだ、と。

この「無条件の愛」を叶《かな》えるため、キリスト教では「アガペー」という無条件の愛で救われる、という物語を作って満足を得ようとしました。

物語ではない現実の世界では、他人に無条件に愛してもらえるということは滅多にないにもかかわらず、うっかりそれを望んでしまうと痛い目に遭《あ》います。

例えば、いわゆるキャバクラやホストクラブでは、お金を払うから相手が優しくしてくれるのが前提のはずなのに、その現実を忘れてしまうことがあります。

優しく接してくれる。話を聞いてくれる。褒《ほ》めてくれる。それはお金を払っているから。そうわかったうえで楽しむのではなく、本物の愛情を求めたくなってしまう。

しかしながら、私たちは誰だってそういう愛情中毒。

だって、嬉《うれ》しいでしょう。本物の愛情があるかのように優しくしてくれたら。

とりわけホストクラブで身の丈以上に貢いでしまう女性がいるのは、ホストが「愛情をあげる」という行為で相手の核心《コア》に迫っているからです。いかにも親切そうに相談に乗ってくれるとか、叱ってくれるとか、自分だけに本音をさらけ出してくれるとか、とにかく相手の心の内部にまで踏み込むことによって、自分に依存させてしまうのです。

それによって、そこに「打算ではない愛情があるに違いない」と錯覚してしまうのかもしれませんけれども、それはすなわち大人になれていないということです。

どんなに鈍《にぶ》い人でも、どこかで「自分に優しくしてくれるのはお金のためでしょ」ということを知っているのに、他方で無条件の愛を求めているがゆえに苦しむのです。

無条件の愛を欲する欲望があまりに強いと、相手が自分のことをお金抜きで愛してくれたらいいのに、という欲望による妄想が強くなり、「お金のためでしょ」がだんだん見えなくなってきてしまいます。

そして、相手の行為が実際はお金のためだったということが改めてわかると、「愛してくれてたんじゃなかったの!?」と逆上したり、激しく落ち込むことになります。

また無条件の愛を求めるデメリットは、相手に利用されてしまうということです。キャバクラやホストクラブでは、乗せられて大金をつぎ込む羽目になります。

仕事関係でも、接待の場でおべっかを言われて自尊心が満たされ、自分が大事にされている、尊敬されていると勘違いしてしまうと、相手の描いた絵に乗せられてしまいます。結果として、仕事の質の良くない業者を選んでしまうとか、品質の良くない商品を買わされてしまうとか、判断が狂わされる可能性があります。

さらに、デメリットのもう一つは、無条件の愛を求めているために、相手の愛情に翳《かげ》りが見えたと感じると、悲しくなったり、苦しくなることです。

もともと相手の打算ゆえの行為に過ぎないのですから、打算をする必要がなくなって「愛情」をくれなくなった時、悲しくなるだけではなく、相手を責めたり、攻撃したくなってしまいがちなもの。

自分が打算で扱われたくないという、幼い気持ちがあまりにも強ければ強いほど、他人を責める気持ちが強くなることでしょう。

「愛情テスト」では幸せになれない

たしかに真の愛情とは、本来、打算のないところにあります。打算というのは欲望と言い換えても良いでしょう。

けれども、そのままの自分を愛してくれているのではなく、相手の欲望のために自分が使われているとわかると、人は悲しくなります。それは恋人の間でもそうです。

例えば会うたびに仕事のグチを聞かされてばかりだと、「あなたは本当に私のこと、好きなの？　それとも単にグチを聞いてもらえる都合の良い相手として利用してるだけなの？」と不安にもなるでしょう。

それゆえ、ついつい「聞いてあげない」「つっけんどんにする」「わがままを言う」といった具合に〝都合の良さ〟をなくしても自分を愛してくれるかどうかをテストしたくなる。こんな「愛情テスト」や「友情テスト」によって、自分のために相手がどれだけ無理をしてくれるのか、打算のない真の愛情なのかどうかを確かめたくなることがあるかもしれません。不安であるがゆえに。

相手が自分にしてくれた行為が相手の利益にも適《かな》うものでしたら、「打算ある偽の友」だからやってくれるのではないかしらん……という疑いが残りますけれども、それが相手の利益に反するような無茶なことなのにやってくれているなら真の愛情だと

彼氏
取締役
なの～!?
スゴーイ!
肩書き
なんて
関係ないの
夢に向かう彼を
ずっと応援
したいだけなの

わかって嬉しくなる。が、そのようなものを求めてテストをしたくなる欲望こそが依存の極み。

無条件の愛とは得がたいもので、人は条件なしに他人に良くすることはほとんどありません。それを安易に求めようとしても、そうそう得られるものではないのです。

ブッダはそれを嘆いているわけではなく、十分にわかっていなければならないよ、

と戒めているのではないでしょうか。

打算のない真の愛情や友情は滅多にない、人は条件抜きに他人に良くしてあげることもほとんどない。それをわかったうえで、常に自分だけで満足できるような心持ちでいると心が楽になる、ということ。


さらに申せば、だからこそ、条件付きでなくても付き合えるような友だちや恋人がもしも一人でもいれば、それはかけがえのない宝物となるでしょう。

いつも食事を奢《おご》ってくれるから、いつも自分の愚痴を聞いてくれるから、嫌いな人が共通していて悪口を言うと楽しいから……そういった条件付きの友だちとつるむと、似た者同士で欲や怒りを喚起し、煩悩をより増幅させ合います。

Aが嫌いだから、同じようにAを嫌いなBとつるむ。Aに対する怒りがあって、お互いに怒りを増幅することができる。それで楽しいつもりでいても、実際は二人とも怒りの煩悩《ぼんのう》に染まって苦しくなっているだけ。それを脳が「ドキドキして楽しい」と錯覚しているのです。そうした人間関係は自分にとってマイナスになるだけです。

もし、無条件で付き合えるような人がまわりにいないのであれば、友だちや恋人などいなくても良い。

「真の友人を作らなければいけない」とか「恋人がいないなんて寂しいよォ」と思い込まずに、良い相手がいないときはいっそ独りでいようとする潔さが、私たちを「大人」にしてくれることでしょう。

lesson 3

家族との距離をはかる

「私の子どもは自分のもの。この財産は、我が輩のもの、誰にもあげないぞ」君がそんな浅ましい思考をするならば、所有欲のため緊張し、疲れてしまう。自分の心ですら、君の思い通りに動かずデタラメに移り変わっていくのだから、君のものとは言えないだろう。ましてや君の子どもや財産を君の思い通りに支配することなど、できるはずなどありはしない。

『法句経《ダンマパダ》』62

単に財産を持っていることと、「私は財産を持っているのだと思うこと」の間には、大きな違いがあります。

例えば今、手元に多額の現金があっても、「もしなくなっても、それはそれで構わないや」という姿勢でお金に接していれば、心は緊張しなくて穏やかです。

しかしながら、「これは私のお金ッ」と強く思っていると、そのお金を落としたらどうしようとか、減らしたくないという緊張感が生じてまいります。

それは金銭や物だけではなく、人間でも同じです。私の彼、私の彼女、私の妻、私の夫、私の子……。所有欲というものは、知らず知らずのうちに心を侵食しています。

なぜ所有欲が生じるのかというと、「足りない自分」を補完してくれるからに他なりません。自分が不安定で足りないと思う時、「こんなに財産があるから幸せ」とか「この子が良い学校に行ってくれたから幸せ」と思うことで補完しようとしてしまう。

例えば、格好のいい男性とお付き合いしている女性や、美しい女性とお付き合いしている男性が、しばしばそのお相手を友だちに見せて自慢したくなるのは、彼あるいは彼女を自分の所有物と見なし、他の人が手に入れられない素敵なものを私は手に入れた、すごいでしょう、と見せ物にしたいからです。

自分一人では満足できない惨めさが心に巣食っているがゆえに、旦那《だんな》さんや子どもに期待をかけて、そのあげく自分の「欲望処理の代理戦闘員」にしてしまうのです。『機動戦士ガンダム』というアニメーションでは、中に乗り込んで操縦できる、モビルスーツという人型のロボットが出てきますけれども、「所有する」ことは、他者をモビルスーツにすることに似ています。自我を相手にまで拡張し、操縦しようとして相手を「洗脳」したくなるのです。それが、「所有する」ことの本質です。

そこに「ただ、ある」「ただ、いる」状態から「私が持つ」に段階を切り上げてしまうのです。お金が「ある」、子が「いる」だけなら心は穏やかなのに、「私がそのお金を所有している」「私がその子を所有している」と思うと、心に緊張が走ります。

ある男性が、自分の実家に帰るたびに両親と喧嘩《けんか》してしまうと話していました。その方は四〇代後半で独身なのですけれども、毎週、実家に帰ったとき、親が結婚はまだかと聞いてくるのだそうです。始めは「結婚はまだなの?」とか「付き合っている人はいないのか」という程度だったのが、徐々に「まだ結婚できないなんて、ダメ人間だ」などと責められるようになってきた。仕事はうまくいっていて社会的には成功しているのに、まるで社会の敗残者かのように言われてしまうのだそうです。

それに対して、その男性は、両親が飼っているたくさんの愛猫の文句を言うことで応じます。つまり、親がかわいがっている猫を悪く言うことで親に反撃しようとしている。それで毎回、言い争いになってしまう、と。

その親の価値観からすれば、五〇歳近くになって世間並みに結婚できていないのは、社会の敗残者だということなのでしょう。

そして、「自分の子どもが敗残者なら、自分たちも敗残者なのでは……トホホー」という気になり、嫌な感じがしてしまう。早く息子に結婚してもらって、敗残者でなくなってほしい、そして自分たちも敗残者でなくなりたいという欲が先立っている。

けれども、よくよく考えてみますと、子どもが結婚しようが結婚しまいが、その親の心の奥底の幸福度がそれによって抜本的に変わるということはありません。息子が結婚したらしたで、お嫁さんに対してブツブツ文句を言ったりイライラして暮らすことでしょう。

つまり、この親御さんは子離れができていないのです。それでつい「自分が惨めなのは子のせいだ」と責任転嫁してしまうために、相手を責める。

その親御さんは、もともと子どもに干渉する方だそうですけれども、「心配するふり」をすることで、息子を自分の思うままに操縦しようとするため、争いになります。

　もしそうでなければ、気長に待てるはずでしょう。自分が満ち足りているなら、焦らなくても、我が子の選択を待っていられるはずです。それを待てずに毎週のようにせっつくのは、相手を心配しているがゆえのことではありません。

　そして、そうやって干渉されればされるほど、子どもは寂しくなります。なぜなら、親は自分が結婚すれば敗残者とは思わなくなる、しかしそれは親が自分の言いなりにしたいだけなのだとわかっているからです。「親の欲のために、自分が利用されている」と感じてしまうのです。そこで、その男性の攻撃対象が、親がかわいがっている猫に向かいます。自分がもらえていない愛情をもらえているように見えるペットに、本人も無自覚なうちに嫉妬《しっと》が湧いているということ。

　そもそもなぜこの男性が毎週、喧嘩になるのにきちんと実家に帰るのかといえば、心の底では親の愛情を欲しているからに他なりません。

家族を練習台にしてみる

このように、誰かを所有欲の対象にいたしますと、その相手のナルシシズムを大きくしてしまいます。「愛情をもらえていない」「足りないよーッ」という感情を増長するからです。

この厄介な所有欲の被害者になる可哀想な人は決まって、私たちの家族や親友や恋人だったりいたします。すなわち「近い」存在。もしも道ゆく赤の他人に対して「早く結婚すればいいのに」なんて言う人がいたら「なにィーッ」と驚かれることでしょう。

自分の代理戦闘員にするためには、あくまでも相手が「自分の親友」だったり「自分の子ども」だったり「自分の恋人」だったりする必要があるとも申せましょう。

ところがまさにそのせいで、他人と親しくなればなるほどに、仲良くなればなるほどに、相手を自分の思う通りに動かせないたびにイライラして、苦しみが生まれます。ところが「私はあなたを支配したがっている」とは思いたくないため、感情はしばしば相手を責めるかたちに変形してぶつけられます。そこで「どうしてまだ結婚できないの」と責める母親。「あなたの態度が偉そうなのがイヤなの」と責める恋人。「なんでもう少しキレイに片付けられないんだよ」と責める家族。おやまあ、せっかく一緒にいるのに寂しいことです。

そうやって、互いに責め合っている人々も、いざ家の外に出てみると皆、無意識的に「いい人」ぶった仮面をつけて、友人に優しくしたり同僚に丁寧に振る舞ったりし

今の彼氏お医者さんなの〜!?
スゴーイ!
肩書きなんて関係ないの
好きになった人がたまたま医者で身長180㎝で顔もよかっただけなの

ているものだったりいたします。けれどもそれは、相手がたまたま「所有欲」の対象《ターゲット》になっていないからに過ぎません。

知り合ったばかりの仕事上の知人、友人や、知り合って間もない恋人に対して優しくすることは簡単で、誰にだってできます。ところが最大の問題は、だんだん親しくなってくるにつれて無意識的に「所有欲」がこびりついてきて、相手への要求が強ま

ってゆくことです。「もっと尊重してほしい」「この期日までに返事してほしい」「この依頼を引き受けてくれて当たり前だよね」と。その勝手な期待が裏切られるたびに私たちは勝手に傷つき、苦しみます。

しかも追い討ちをかけるようにして、こうして苦しむときに心は「苦しい、ということは私はこの人のことを嫌いになった方がいいよね」という無茶な情報処理を行いがちなように思われます。

勝手に期待し、勝手に傷つき、勝手に相手のことが嫌いになったり憎悪が湧いてきたりする。この心の習性を治療しない限り、誰と仲良くなったとしても、「最初だけ幸せでも、必ずや接近した時点でなぜか相手のことが憎たらしくなってきて不幸せな日々を送る」という筋書きが目に見えています。

その苦しみがイヤで関係を壊して別れ、新たな人と知り合えばまた最初は楽しいでしょう。しかし接近するとまた「所有欲」が出て苦しくなる。そんなことを繰り返しても、一生ハッピーになれないのです。だからこそ今のうちから、身近な家族を練習台にして、「所有欲」を手放して、相手を思い通りにしようとしない練習をしておくこと。そうして初めて、これから新しく出会う人たちと近しくなったりパートナーになっても、相手とほどよい距離感で幸せに過ごしてゆくことも叶うでしょう。

「所有しない」というのは、「捨てる」ということではありません。他者を自分のものとして操縦しようとせず、お金にも、物にも、人間にも執着しない、ということなのです。

lesson 4

親孝行をする

両親に按摩《マッサージ》をし、入浴を手伝ってあげ、リラックスさせてあげる。しかしそれだけでは、父母に育てられた借りを、返済したことにはならない。父母に家や大金をプレゼントしても、返済したことにならない。なぜなら君の父母は君を養い、いろいろなことをしてくれて、君にこの世を見せてくれたから。

父母が確信がなく優柔不断な性格ならば、確信を持って生きられるようにしてあげる。

父母が破戒者であるならば、心のルールを守れるようにしてあげる。

父母がケチであるならば、他人に分け与えるよう心を変えてあげる。

父母に智慧《ちえ》がないなら、智慧をつけさせてあげるように。

君がこうして親を育ててあげれば、父母からの借りを本当に返済したことに

——なる。

増支部経典 三集

ブッダは親孝行に関して、非常に厳しいことを言っています。父母を背負い、風呂に入れ、マッサージし、訳文では省きましたけれども父母が自分で排泄行為ができなくなってもその世話をしてあげ、さらに真の孝行は、親が作った悪業をなくしてあげることだ、というのです。

そして父母が貧しい心を持つならば、それを変えてあげなさい、と。

親を変えるなどということは、とても難しいことのように思えますけれども、私の座禅会に来る方の中には、自分が変わることによって親の性格も良いものに変わったと言う方が時々いらっしゃいます。いつも怒ってばかりいた親が、自分がとても穏やかに振る舞うようになったのを見て驚き、また仏道の本を薦めて読ませたことによって、親も穏やかになって家族が仲良くなったという方もおられました。

親を良い方向に変えるために必要なものは、言葉ではないのでしょう。言葉で何かアドバイスしたとしても、親はかえって腹を立てて絶対に変わらないでしょうから。

親を変えるには、自分がまず変わることです。それもかなり変わる必要があります。特に、親と同居している場合、共に過ごす時間が多い相手なので、お互いに心の波を浴びせ合い、お互いを無意識にコピーして甚大な影響を与え合っています。その影響の与え方は定常化していて、同じパターンを補強し合っています。

私自身の話を引き合いに出しますと、昔とても家族仲が悪く、喧嘩ばかりしていました。

思い出されますのは、母がよく「あそこにある○○を持ってきて」という言い方をしていたことです。それを聞いて私が「あそこって言われても、どこだかわかんないよ」と怒った声で答えると、「あそこって言ったら、あの引き出しに決まってるじゃない」という返事が来ます。「引き出しのどの段だよッ」と私が怒ると、「もうッ、自分で探してみてよ」などと言われ、それに対して私も「必要なら自分で探せよ！　クソババア」などと応酬し、しまいに大喧嘩になるのです。

母の中に、省略が多い変な言い方をするとか、それが相手に伝わらなければすぐに怒るとか、不機嫌になるというパターンが、温存されていたのです。

大学生頃までの間に、互いに怒りの波を浴びせあって言い合いが多くなり、家族関係もひどくなっていました。そして、私がそういうパターンから抜け出そうとし始めても、少し努力をする程度のことでは、母の反応はまったく変わりませんでした。

最初のうち、私は母のそのパターンに対し、とにかく怒らないようにしていましたので、何か言われても抑え、「ムカつく」などの言葉は出さないようにしました。

それで母も変わってくれるのではないかと勝手に期待していたのです。しかしながら、現実はそんなに甘いものではありませんでした。

なぜなら、私は言葉に出さないだけで、心の中では怒っていたのですから、「業」というレベルでは変わっていないのです。私が怒りの業を積み、その怒りの波は母にも確実に届いていますので、母は自分の怒りによって私を怒らせることにきちんと成功し、またその報いもきちんと受けていたのです。

怒りを表面に出さない程度では、相手を変えることはできません。

けれども少しずつ、努力が実を結び始めるようになると、私自身が「母は母の業で、いつか報いを受けざるを得ないのだ。それに対して私がムカついていると、私の悪業が溜まっていって苦しみを味わうことになるのだね」とわかるようになり、心が怒らなくなってきました。何か言われても、「ああ、また言っているなぁ、お母さんが」という感じで、心が余計な条件反射をしなくなります。

そういう努力を始めて、三年目か四年目だったでしょうか。ふと気がつきましたら、母は省略が多い言い方を前ほどしなくなっていました。そして、自分の言ったことが相手に受け取られなくても、すぐに怒ることもなくなり、「ああ、私の言い方が悪かったかしら」などと言ってくれるようになっていたのです。

母にとってみましても、自分が変な言い方をしていることはわかっていたのでしょう。けれども言葉で言われても腹がたつだけで直せなかったのです。

周囲の人の心が穏やかになり、自分に対して嫌な波を送ってこなくなると、その人も自然と冷静にならざるを得ません。すると、実は自分が変な言い方をしていたことを自分で自然にわかってしまいます。そして自分でセーブするようになるのです。そうして互いに自然と優しくし合えるようになり、だんだん真から良い関係になりました。

そのような折、住職である父と母と三人で、お寺の裏山でお弁当を食べたことがありましたが、ふと父が、「ようやくこの歳《とし》になって、三人が家族らしくなったね」というようなことをしみじみ穏やかに語りました。このことは、とても心地良い思い出として、私の中に残っています。

親に「こう変わりなさい」と言っても、変わってくれません。

まず自分が確信を持てるように心を整え、まず自分の心がぶれないようにルールを守り、まず自分が他人に鷹揚《おうよう》に分け与えていく姿を親に見せてあげること。

人は相手に対して良い印象を抱いたら、相手のやり方を少し取り入れてみようと思うものです。相手が美味《おい》しそうに食べているのを見たら、つい同じものを食べたくなる。相手の良い印象を受けて無意識のうちにその真似《まね》をしたくなるような習性が私たちの心にはあります。親しい人であればあるほど、影響は強くなります。

そのように考えてみますと、家族は日々、栄養を与え合っているようなもの。たいていの家族はそのチャンスを逃して、毒を与え合っているのですけれども、自分が大きく変わるにしたがって、その毒は、少しずつ薬に変わっていくのです。

親と仲良くすることこそが、親からの呪縛を解く

生まれて初めて関係を持つのが親です。親から認められたとか、褒められたり、怒

られたり、けなされたりすると、それによって心に喜びや悲しみが植え付けられます。それらは人生の最初の「業《カルマ》」となって残響いたします。

その原体験とリンクする親との関係がうまくいかず自分の心の土台がぐらぐらしていたら、心はどうしてもネガティブな方向に行きやすくなります。

親との関係が安定していない場合、親から認められたいとか、親と仲良くしたいと

いう欲求が叶えられていません。すると、その欲求を親以外の人にぶつけて代替しようとしたり、他者に投影してしまったりすることがあります。

典型的な例は、親を連想させる特定の性格を持った異性につい惹《ひ》かれてしまうこと。

その際に親を投影する側面というのがあいにく、親が自分を認めてくれない側面や自分を否定する側面だったりするのです。親とうまくいっていないポイントをとって

相手を好きになり、その相手とうまくいけば親を克服できるような、錯覚。

私の親しい女性の父親は、彼女に対してとても冷たく、彼女と母親を置いて、別の女性と家を出ていました。出ていった後も少しの交流はありましたが、基本的に娘のことはどうでも良いという感じで、あまり良い関係ではない。

彼女はその父親のことが克服できていないため、代替物として選んでしまう異性が冷たい雰囲気のある男性になってしまうのです。本人が言うには、鋭い感じの顔つきや、底のところで冷たい感じが明らかに父親と似ている男性を選んでしまう、と。そこに父性を見出そうとしているのでしょう。

しかし、あいにくそれは矛盾したものを求めているに過ぎません。可哀想に、彼女はそうやって自分で自分の苦しみを反復しているのです。

このように考えてまいりますと、親との関係を円滑にすることこそが親からの呪縛《じゅばく》を解くことにつながります。逆説的に見えるかもしれませんけれども、関係が悪化しているせいで心に棘《とげ》が刺さっていて、呪縛されているのですから、仲良くなれば、その呪縛が解けて自由になります。

ですから、親に孝行するということは、結果的に自分にとっても非常に役立つことだということが、よくわかるのではないでしょうか。

親に冷たくされた経験を持つ人は、親孝行したくないかもしれませんけれども、実は親孝行することこそ、長年の呪縛を解くことになり、ひいては自分のためになるのです。

lesson 5

パートナーを安らがせる

君よ、五つのポイントによって夫は妻を大事にしてあげるといい。
一、尊敬する。
二、軽蔑《けいべつ》しない。
三、浮気をしない。
四、家の実権を任せる。
五、装飾品《アクセサリー》をプレゼントする。

長部経典『六方礼経』

ここではブッダが夫婦のあり方について述べた中から、私たちふがいなき男子に向けられたアドバイスに限定して着目してみましょう。

まず、夫が妻にすべきこととして、一つ目に挙げられているのが「尊敬する」です。

しかしながら、うーん、どうすれば夫は妻を尊敬できるでしょうか。その相手がどこか優れていると心から感じなければ、尊敬することは不可能です。

そのためには、相手の長所や立派な部分を知っておくことが大事でしょう。

例えば、仲間うちで話していて、その場にいない人の噂《うわさ》話や悪口になった時に、自分の妻だけがそれに加わらず、悪口を言わないでいたら、「この人は、軽々《けいけい》に他人のネガティブなことを言わない立派なところがあるね」と認識できるかもしれません。

あるいは一緒に暮らしてみたら、人の見ていないところでも働く人だったとか、細やかな気遣いができる人だったとか、意外な長所に気づくことがあるかもしれません。

相手の長所を見出せば、自分が相手に敬意を持てるだけでなく、相手も「この人は私をちゃんと見てくれている」とわかって嬉しくなります。長所を見出してもらえるということは、見出される側にとっては、とても幸福なことなのです。

特に、他の人たちはわかってくれていない、今まで誰にも言われたこともないような長所を、自分の大事な人に見出してもらって、また言われた側も「あ、言われてみれば確かに、自分にはそういうところもあるかもしれない」と認識できたら、「この人は、私のことをちゃんと見てくれている」と感じて、嬉しくなるでしょう。

裏を返せば、自分はきちんと見てもらっていない、長所を見出してもらっていないと感じると、元気がなくなってきます。子育てや家事もやる気がなくなるでしょう。

相手の良い面を見出して、相手に伝えること

長所を見出すといっても、まったく当てはまらないことを言われたら困惑するだけです。時々、まだよく知らない相手に幻想を抱き、自分の理想を相手に貼《は》り付けてしまうことがあります。相手の長所を見出すというより、自分の妄想を押し付けてしまうのです。

例えば、その人の理想とする優しさや女らしさなどを押し付けられると、落ち着かない、嫌な気持ちになるでしょう。「本当の私はそうじゃない」といちいちカミングアウトしなければいけません。そのうえ、長く付き合ううち、最初は美化していた相手

ちなもの。するとそちら相手の現実の姿がだんだん見えてまいります。すると今度は短所を探そうとしてしまいが

そこで大事なことは、短所を掘り下げるのではなく、相手の心や顔や身体の細部をきちんと見て、「君のこの部分は素敵だね」と長所を見出してあげること。もちろん、おだてれば良いというものではありませんけれど、タイミングを見て、折々にきちんと相手に伝えることです。

例えば、「私って優柔不断で、物事を決められないの」と奥様が気にしていたとします。確かに優柔不断で判断に迷うことが多いにしても、一生の間、ずっと迷い続けているわけではないでしょう。

そこで旦那様はよく思い返してみて、「そういえば、あのことを決めようとして二人で悩んでいた時、僕は決められなかったけど、君がこういう理由でこちらの方が良いと言ってくれたから決められたじゃないか。人生の重要な場面で、君のおかげで決められたことが何度もあって、君は決断力がある側面もあると思うけど、どうかな？」などと言ってあげると、奥様の気持ちは少し休まるでしょう。

あるいは、奥様がイライラしているのに対して、「そんなにイライラするなよ」と否

定しても逆効果ですけれども、そんな時、「君は今、たまたま疲れてそうなってるけど、根は優しい女性だってこと、僕は知ってるよ」などと言ってさしあげると、互いににっこりできます。

そして、二つ目の「軽蔑しない」というのは、一つ目と深くリンクしています。相手を軽蔑するのは、相手の短所が気になる時ですから。

相手の自我にヒビを入れて傷つけないこと

三つ目の「浮気をしない」。

浮気をすることは、妻に、夫は自分より他の人の方が価値が高いと思っているという認識を与えてしまいます。すると、妻からしてみますと、この夫と仲良くしていることによって、自分は価値がない存在なのだと突きつけられることになります。

「自分は相手を愛していて、良くしてあげても、相手は他人に愛を捧《ささ》げていて自分には十分に愛をくれず、自分の価値を下落させている、しくしく」

自分はあげているのに、相手はくれていない。それはとても惨めなことだと認識し、結果的に、自分も相手に愛情をあげなければ釣り合いが取れると思ってしまうかもしれません。つまり「自分もあなたなんて好きじゃない」と自分の認識を変えれば良い。自分が欲しがっていないのだから、夫の愛情なんかもらえなくて大丈夫、となるのです。

結果として、自分も浮気して愛情を分散し、夫への愛情を薄くしてプライドを保とうとする。あるいは、浮気はしなくとも夫のことは嫌いだと意思表示することで、嫌いな相手から愛されなくても良いと自分を納得させる。いずれかのかたちで自己認知を歪《ゆが》めようとするのです。

つまり、愛されていないなら、愛されていないなりの振る舞いや考え方をしようと思い込んでしまうのです。

結局のところ、大事なことは相手の自我にヒビを入れて傷つけるようなことはしないということであり、夫婦の項目どれをとってみても、その原則に貫かれています。

四つ目の「家の実権を任せる」というのは、子育ての方針や家計のやりくり、家具の選び方などに夫はうるさい口を挟まず、最終決断権を妻に任せるということ。夫も意見は言い、すり合わせはするものの、最終決断権は妻に与える。

私見ですけれども、どんな集団でも誰かに最終決断権を与えておきませんと、延々と意見が飛び交い、疲弊するだけです。最終決断権を持つ人を決めておいた方がうまくいくのではないでしょうか。

その意味で、家庭のことは妻に実権を任せるというのは、家庭内の争いを回避する

実際的な方法かもしれません。仕事のことは夫に、家のことは妻に任せましょうということです。現代のフェミニストの方は眉《まゆ》をひそめるかもしれませんが、ブッダの生きていた古代インドでは、女性が社会的に弱い立場に置かれていたことも関係しているのでしょう。

あなたが決めてよー
お前が決めろよー
ローン
住宅
その③
明らかに2人とも実権を放棄している
値札付いてるけど500万もしたの？
気にすんな！
ドキドキ
その④
明らかにプレゼントが盗品

社会的に立場が弱いからこそ、家庭の実権は妻にあげ、いろいろなことを任せてい

るというイメージを与えてあげると、妻も「私は信頼されている」と思えます。結果的に充足し、家のことをきちんとやってくれるということなのでしょう。

五つ目の「装飾品をプレゼントする」というのは、文字通り、アクセサリーや洋服を与えるということです。仏道では本来、着飾ることは薦められませんから、欲を満たすことを薦めるのは意外な気もいたしますけれども、「自分が大事にされたい」という「慢《まん》」の欲こそ、なかなか断つことができない。だからこそ、妻に装飾品を与えることで「自分が大事にされている」感覚をちゃんと与えてあげないと、夫婦の関係というものはうまくいかないのだ、ということかもしれません。

また、余談ながら一つ付け加えますと、先ほど自分しか見出さないような長所を相手に見出してあげてくださいと申しましたけれども、贈り物をする際もそれと同様。吟味されていないプレゼントや単に高価な贈り物をするのではなく、相手の好みをきちんと把握し、相手にどんなものが似合うかを十分に考えて贈ってさしあげると良いでしょう。

「きっと君にはこれが似合うと思うよ」と贈られたものが、本当に自分に似合ったら、大事な人が自分に似合うものをきちんとわかってくれていると思って、とても嬉しくなることでしょう。夫婦であれば、相手がどんなものを好むか、どんなものが似合うか、きちんと考えればわかるはずですしね。

lesson 6

真の友を見わける

君よ、君にとって心地良いセリフばかり言ってくれる人は友ではなく、「友人もどき」だと幻滅しておくと良い。そのポイントは四つ。

一、君にとって悪いことでも、いつも「そうだよね〜」と同意する。

二、君にとって良いことでも、いつも「そうだよね〜」と同意する。

三、目の前ではいつも君のことを褒める。

四、君のいないところで君の悪口を言う。

これら四つのポイントが揃《そろ》っていれば、友ではなく「友人もどき」と見抜いて離れるといい。

長部経典『六方礼経』

「真の友」とはどういう友人なのか。反対にブッダは四種類の「友人もどき」を挙げて、「こういう人は見せかけの友だから注意するように」と言っています。

それは、(一) 利益のために近づいてきて、一方的に求めるだけの人、(二) 口先だけの人、(三) 相手が喜ぶことだけを言う人、(四) 財産を減らす人、の四種類です。ここではその三番目、「相手が喜ぶことだけを言う人」の中の、4つのポイントを意訳してみました。

この種の友人からは離れた方が良いということは、裏を返しますと、「むしろ、自分の問題点を指摘してくれる人こそ伴走者にするように」と捉えられるでしょう。

例えば、日頃、口うるさく注意してくる上司は嫌な人だと感じるかもしれません。とても友だちにはなれないかもしれません。しかしながら、その「嫌だな」と思ったことを、あくまでも自分をよりましに向上させていくための材料として取り入れられるなら、その上司こそ「友」と申せます。

その反対に、いつも一見良いことばかり言ってくる人は、結果的には自分を堕落させるので、あまり一緒にいない方が良いかもしれません。

ある日私が、カフェでおしるこを賞味していた時、数人の女性が話しているのが聞こえてきたのですけれども、その会話というのがこのようなものでした。

一人の方が自分の子どもの成績について自慢話をしたら、他の方は「そうなんだ〜」「お勉強できて良いわね〜」と答え、他の方が自分の子どもの話をしたら、他の方は「そうなんだ〜」「そうよね〜」と答える。お互いにそれを繰り返しています。おそらく「そうなんだ〜」と興味深そうに聞いているフリをしつつ、この数時間後には彼女たちは何ひとつとして覚えていないことでしょう。

さらにそのうち、その場にいない方のことを「気がきかない人よね」と皆で悪く言い始めました。おそらくは、もしも悪く言われていた方がその場にいたら、周りの方はその方の話にも「そうなんだ〜」「そうよね〜」としか言わないのではないでしょうか。

その場にいる人の言うことは一切否定せず、同意しかしない。その場にいない人のことは皆で悪く言う。それは、空疎な人間関係を表す典型例。

相手が自分の言うことをすべて肯定してくれ、賛同してくれると、自己満足できて気持ち良いかもしれません。それで一応の友人関係を保っているつもりなのです。しかし、真の友はそうではありません。

なぜなら、「良いことでも、悪いことでも同意する」というのは、内容がどうであれ同意するということ。結局、相手のことなんて、きちんと考えていないのです。

翻《ひるがえ》って胸に手を当ててみますと、悪いことでも同意するというのは、社交辞令上、割合によくあることではないでしょうか。いちいち反対するのが面倒くさいので、深く考えずに「いいですね」と大雑把に流してしまうのです。

私の周りでは、最近、こんなことがありました。

知り合いの方が会社を辞めたいと思っているのですけれども、人材不足で、ちょっとした理由ではなかなか辞めさせてくれない。そこで辞めるために嘘の理由を作り、その嘘がバレそうになったら、また違う嘘をつき……と雪ダルマ式に嘘を繰り返しているのだそうです。その嘘のつき方で良いかどうかについて、私に感想を聞かれたのです。

それに対して私が「それでいいんじゃない？　上手な嘘だね」と言うのは簡単です。けれども、私としてはやはり、その嘘自体を受け流すわけにはいかず、「そうやって嘘を重ねるのは、君だって苦しいんじゃないの？」と言わざるを得ませんでした。

相手のことをどうでも良いと思っていたら、流せるのかもしれません。

相手の悪い部分を見ても、また相談されても、流せてしまえるというのは、相手のことをどうでも良いと思っているからではないでしょうか。どうでも良いと思っているから、良いことを聞いても「いいんじゃない」、悪いことを聞いても「いいんじゃない」と大雑把に流せるのでしょう。

しかしながら、それは自分と関係ないと思っているから「いい」のであって、何らかの理由で自分に関わりが出てくると、簡単に「いいんじゃない」とは言えなくなってくるはずです。

悪いことを指摘された時が、自分を変えるチャンス

自分の悪いことでも指摘してくれる人が真の友である——私自身、以前、それを実感させられるようなことがありました。当時、精神的に落ち着かず、奇矯《ききょう》な振る舞いをする衝動が抜けきっていなかった私は、ある時、街で知らない子どもをからかいました。見知らぬ小さな子どもに、「君はまったく子どもであることよ。なんでこんなに子どもなんだろうね」などと話しかけて、からかっていたのです。

その子は、ちょっと不思議な人に不思議なことを言われたという感じで驚いて笑っていましたし、私も、私と一緒にいた友だちも笑っていたのですけれども、その友だちがだんだん真顔になっていき、ふと、こう言ったのです。

「あなたって、そうやって常識から外れた振る舞いをして人を驚かせたり、からかったりすることで、社会の枠からはみ出ている格好良さを演出したいのよね」

そうはっきり言われて、私はショックだったのですけれども、それにしてもその指摘はあまりに鋭くて天晴《あっぱれ》というしかない状況でしたので、ムッとすることもなく、「本当にその通りです」と笑って降参するしかありませんでした。言われてみれば、当時の私はそういうのがクセになっていて、見知らぬ人にもちょっかいを出し、ふざけてからかったりして、「カブキ者」ぶって楽しんでいたようなところがあったのです。

その方は、私を批判するとか攻撃するような感情的な言い方ではなく、正面きって私の性格について冷静に指摘してくれたので、こちらはハッとさせられましたし、我が身を振り返らせられた次第でした。

そのように真摯《しんし》に指摘してくれるというのが、真の友の一要素と申せましょう。

しかしながら、だからといって他人にズバッと指摘すれば良いと薦めているわけではありません。

先述の例では、彼女の指摘がとても冷静で真摯だったので、私も良いことを言ってもらえたとむしろ嬉しくなったのですけれども、それは稀《まれ》なことでしょう。

自分の性格や考え方について少しでも何か言われたら、嬉しいというよりも、むし

ろ傷つくのが一般的な反応のように思われます。

例えば、『家族との距離をはかる』の項でも申しましたように、相手の欠点を指摘して直してもらおうと思っても、喧嘩になってしまい、むしろ関係が悪化するかもしれません。また『パートナーを安らがせる』の中でも、相手の長所は折をみて相手に伝え、相手の欠点についてはあまり気にしないようにするのが良いでしょうと書きまし

た。

誰にでも欠点はあり、その自分の嫌な部分は「見たくないヨーッ」と目隠ししているものですから、それを人に指摘されたら、とても嫌な気持ちになりがちなもの。

それをズバリ指摘されて、素直に受け入れられることは滅多にない、と申せましょう。

ですから、ここで私が申したいのは、「進んで人に嫌なことを言いましょう、指摘しましょう」ということではなく、誰かから自分の悪いことを指摘された時には、ただムッとするのではなく、そういうことを指摘してくれる人は「真の友」かもしれないと考えてみましょう、ということなのです。

相手からまったくピント外れなことを言われた場合は別として、それまで自分でも気づいていなかった側面で、言われてみれば確かにそうかもしれないとハッとするようなことを言われた時には、まず拒絶したくなる気持ちを乗り越えてみましょう。

自分が気づいていなかった欠点をこの人はちゃんと認識して受け止めてくれていて、それを変えるきっかけを与えてくれた「友」なのだと、怒りを離れてみること。

ひょっとしたら、これまで友だちだと思っていた人よりも、口うるさい上司の方が、むしろ「真の友」なのかもしれません。

自分の欠点の改善方法をまともに示せるほどに深くあなたのことを理解してくれているなら、一緒にいる価値はあるということです。

lesson 7

良き人と歩む

君の人生の道のりで、自分より高レベルか、せめて自分と同レベルには性格の良い人に出会えないなら、いっそのこときっぱりと独り歩むのがいい。性格の悪い人と一緒にいるなら君の心はその人の心を無意識的にコピーして、悪影響を受けるだろう。そんな人とは、道を共に歩みつつ高め合っていく友情を育てることは、できないのだから。

『法句経《ダンマパダ》』61

『大人になる』の項目では、「犀の角のように、ただ独り歩むこと」とブッダは言いました。この項目でも、自分より優れた人か同等の人以外とは道を歩むな、と言っています。

ブッダが言う、優れているとか同じレベルというのは、どんな状態でしょうか。それは、性格が自分より良い相手ということです。

心が安定しているとか自己制御力があるとか、穏やかさや柔らかさがあるといった、心の諸性質が自分よりも優れている人という意味ですけれども、その見分け方の大まかな指針としては、「一緒にいてリラックスできるかどうか」が役立つかもしれません。

今の自分よりもスッキリしている思考の人と話したり、一緒にいたりすると、乱れている心がその影響を受けてやや静まって安らかになり、心持ちがリラックスしてきます。また、話をしているうちに、しばしば本人も気づいていなかった問題点が明らかになり、「ああ、こういうことで自分は悩んでいただけだった」とスッキリすることがあります。どんなに悩んでいても、悩みごとというのは突き詰めていけばシンプルなものです。それをやたらと複雑に頭の中でこねくり回し、「考える苦役」を重ねているのです。その状態をパッと解き放ってくれるのが、優れた人です。

性格の悪い者というのは、その逆です。論理性が低く、心が陶冶《とうや》されていない状態の人は、人と争うことを楽しみ、心が迷妄《めいもう》に覆われていて、混乱状態に陥っています。論理的な話を理解することができません。

例えば、そういう人に自分の困っていることを話しても、自説をとうとうと述べるだけだったり、的外れな話になったりして、むしろ問題がややこしくなることがあります。そういう人と一緒にいることによって、自分の心がさらに混乱し、ノイズが走り出し、感情的になってしまいます。

いやはや、真剣に悩んでいるとき、論理性が低い人に、「そうそう、わかる、わかる！」「そういう時って苦しいよねー」など、大雑把に言われてしまうと、慰められるどころか、本当にわかっているのかと腹が立ってしまうことさえあるかもしれません。知識があるとか、学歴が良いなどではなく、心が明晰《めいせき》かどうかが大事なのです。

真の論理性とは心が明晰なこと

この「心が明晰である」というのは、論理的であることとほぼ同じものと考えて良いでしょう。

けれども、問題は、一般に論理的と言われている人の論理性の背景には、自説を押し通そうという衝動、ないしは相手を論破しようとする攻撃性が含まれているのではないかと思われることです。

一見すると論理的に見える文法や難解な言葉を使い、「これが正論だ!」と言い張って強引に人を説得しようとする人がいますけれども、そういう自我や自意識が含まれていると、聞いている側からしてみれば、とても嫌な感じがするものです。

一般的にも、「論理的な人」とか「理屈っぽい人」は、どこか面倒くさい人といったマイナスイメージがあるように思われます。

なぜ理屈っぽい人が面倒くさがられるかを考えてみますと、相手が聞きたくないことをくどくど理屈をこねくり回しているからです。くどくどと感じられるということは、必要以上に話しているのです。

しかしながら、本来、論理的であるということは、複雑に見えることをスッキリ簡潔にまとめられる性質のはず。すると人に嫌がられる理屈っぽさは、「理屈っぽい」のではなく、「知識っぽい」のです。自分を良く見せたい、自分の説を押し付けたいという欲から自分が持つ知識を並べているだけで、並べているもの同士の関係性や階層秩序、因果関係や法則をわかりやすく示せていない結果、何ともスッキリしないものになってしまっているのです。

本来、論理そのものは非常にシンプルで、そこに自意識や感情がこもっていませんので、相手の心をスッキリさせ、リラックスさせる働きを持ちます。

ですから、明晰な人というのは、言うことがシンプルで、そこに人を論破してやろうなどという余計な感情がなく、心が静まっているもの。そしてそのシンプルさは、物事の因果関係、つまり原因と結果を俯瞰的《ふかんてき》に見てズバッと整理する力に裏打ちされています。

生涯の友やパートナーには「愚かな人」を選ばない

どうやら、一般的に理屈っぽい人は嫌われ、ヘリクツはバカにされがちのようです。それはもっともなことではありますけれども、そのことによって、「論理性」という大切なものも一緒に捨てようとしているのではないでしょうか。

複雑な物事の本質を論理的に整理し直すことですっきり納得できる時など、実際には誰もが論理に恩恵を受けているはずです。

その反対に、論理が通っていないことや整合性がつかないことを言われたり、目撃したりしますと、モヤモヤして嫌な気持ちになるでしょう。

また、しばしば世の中には、難解で文学的な言い回しをし、必要のない装飾をつける人が多く見られます。それはきっと、もしかしたら自分はつまらないことや間違っていることを言っているのかもしれないと心配になり、そのアラをわかりづらくするために、複雑な言い回しをするクセがついているのでしょう。その場合、論理的でないうえに複雑化しているので、読んだり聞いたりすると、さらにモヤモヤしてしまいます。

私などは仏道の実践をしていて、ときたまむやみに思考をこねくり回した哲学の本などを読むと、てきめんに肩が緊張してくるのですけれども、それは複雑なデータ処理が人間に負担を強いているからです。

そうした意味では、日常生活でも、こんがらがったデータ処理を行わなければならないような人間関係や混乱状態に陥った人からは、なるべく離れておくのが賢明なことです。

どうしてもそういう人と一緒に仕事をしなくてはならないとか、一緒に過ごさなければいけない時は、なるべく相手のノイズや影響を受けないよう、自分の心を防御し、整えながら付き合ってまいりましょう。

そして、少なくとも、自分で選択できる生涯の友やパートナーには「愚かな人」は選ばないことです。

「汝《なんじ》は、病める時も健やかなる時も、これを愛し、これに忠誠を捧《ささ》げることを誓いますか?」というのはキリスト教の結婚式で言われる言葉ですけれども、健やかな時や楽しい時には、相手を愛し、忠誠を誓うことは容易《たやす》いことでしょう。が、いやはや実

際には、「病める時」や「辛《つら》い時」の方が多いかもしれません。そして、そんな時にこそ、「苦しみの共有」ができるかどうかということが、パートナーや生涯の友を選ぶうえで、決定的に大事なことのように思われます。

もちろん、楽しいことも思い出として残るでしょうけれど、相手がいて本当に良かったなぁとしみじみ感じるのは、自分がくじけそうになった時に、相手がいてくれることで救われたり、反対に苦しんでいる相手のために自分が頑張らなきゃと思えたり、この人がいるから自分はまだやれる、と思う時ではないでしょうか。

時として、相手が苦しんでいるのを助けてあげる力が自分にある。時として、自分が苦しんでいるのを助けてくれる力が相手にある。そんなパートナーこそ「友」と呼べるでしょう。そのためには、相手が何によって苦しんでいるか、どういう状況に陥っているのかという因果関係を見通して「受け止めてあげる力」が必要です。そして、この「受け止めてあげる力」と「論理性」は異なるものではありません。

相手の苦しみの背景にある因果関係を論理的に整理できない限り、本当の意味で、人を受け止めることはできないのですから。

lesson 8

別れに耐える

愛別離苦《あいべつりく》。人生の筋書き《ストーリー》には、好きな人や、好ましい物と必ず別離する時が来るという苦しみの伏線が埋め込まれている。

この絶対確実なる真理を腹の底から体感したなら、君は「もっともっと」としがみつく執着から離れるだろう。

相応部経典『初転法輪経』

生きていれば、どんな方ともいつかは必ず別れなくてはいけません。家族であれ、配偶者であれ、恋人であれ、友人であれ、仮に自分が死ぬまでに別れずに済んだとしても、死ぬ瞬間には、どなたとも別れることになるのは、絶対確実です。

別れは人との間に限った話ではなく、気に入ったグラスを割ってしまって悲しくなるのも、別れ。どんな人でも、物でも、気に入っているものからいつかは離れる。

そして、相手に執着している度合いが強いほど、別離の時は苦しむ。

特に、恋愛は友人関係と違い、「君を一番大事にするよ」とか、「私もあなたを一番大事にしますわ」という関係性があるため、他の人がその座を取ってしまった時点で追い出される、ないし「一番」と思えなくなった時点で壊れてしまう、非常に脆《もろ》いものです。

そうした別れでは、感情も乱れますから、揉《も》め事や争い事が起こりがちなもの。

例えば、お互いの関係が悪化してきた時、自分がとても傷ついているのに、相手がさほど傷ついていないように思えたら、「あなたは平気そうでいいわね、私はこんなに苦しいのに、キィーッ」などと、無性に相手を責めたくなってしまうかもしれません。

しかしながら、その前提にあるのは、「私を大事に思っているのなら、あなたは苦しんでくれるはず、いや、苦しんでくれなきゃ許せない」という、歪んだ欲です。

また、別れに当たって相手をひどく責めていた方が、最後になって急に「ずっとあなたの幸せを願っているよ」とか「あなたは魅力的だから、きっともっと良い出会いがあるでしょうね」など、口当たりの良いことを言い出すことがあります。

あるいは、「今の僕は君に迷惑ばかりかけているけれど、リンゴ狩りに行った時は幸せだったね。その時の記憶は捨てないでいてほしいんだ」など、お互いが幸せだった頃のことを、つらつらと手紙に綴《つづ》ってみましたり。

もしかしたら、それによって相手を傷つけたという罪悪感を払拭《ふっしょく》しようとしているのかもしれませんが、そういう行為は、自分自身の良いイメージを相手に残しておきたいがための「偽善」とも申せるのではないでしょうか。

なぜなら、表面では「お幸せに」などと良い人を演じていながら、実際にやっていることは何かというと、相手に自分の良い印象を残すことで未練を残させ、苦しめようとしているからです。いやはや、羊の皮をかぶって、良い人を演じてしまう。

言われた方はその羊の皮のせいで、「ああ、この人と別れるのは辛うございます」と未練ができて苦しむことになります。しかしながら、羊の皮の下に実際に潜んでいるものは、「自分のことを想って相手に苦しんでほしい」という傲慢《ごうまん》な欲。

するとある意味、もし自分から相手を振るような時には、相手に自分をきちんと嫌いにならせてあげる、自分への未練を断ち切ってあげる方が親切、と申せるかもしれません。別れた相手に未練が残るのは、とても辛いことですから。

ただし、相手をむやみに傷つけることはお薦めできませんから、お互いが穏やかに別れを受け入れるためには、自分の良い印象を取り繕って相手に未練を残すのでもなく、わざと相手に嫌われるようなことをして身を引くのでもなく、お互いが納得できるまで、穏やかに話を続けるのが賢明でしょう。

その際、たいていは、「君のここが悪いから嫌」という話をしがちですけれども、それをすると、相手は自己防衛反応を起こし、自分はそんなに嫌な人間ではないと主張したくなります。さらにこちらの悪い点を向こうが突いてきて、争いになります。

そうではなく、例えば「あなたと一緒にいると、私はこんな感情になってしまう。なりたくなくても、この関係でいる以上、なってしまう」という言い方が良いでしょう。さらに、それは回避しようがないのだと説明できると良いでしょう。あの時も、あの時も、似たパターンを踏んでしまったけれど、それは変えられそうにない、と。

ごまかしでなく、「この関係はダメなんだな」と納得するまで話し合えましたら、お互い変に引きずられることなく別れられることでしょう。

渇愛とはドーパミンの中毒症状に過ぎないと知る

「この人を失いたくなくてたまらない」「別れたくないよー」と苦しむ渇愛の情は、相手を通じて、これまで自分がどれだけ快感を得てきたかということと密接に結び付いていると思われます。この快感というのは、ドーパミンの脳内発射と言い換えても良いでしょう。

恋愛の興奮や別れの苦しみも、ドーパミンが脳の局所をビリビリ刺激しているだけ。恋愛における甘美な思い出がうずいても、これは脳内のドーパミン放出による中毒症状に過ぎないのだとわかっておくだけで、少しは冷静になれることでしょう。

別れによって生じた強い苦しみも、一定期間、他の方と過ごすとか、他の物事に接することによって、脳が別の心地良さの回路を見出すにつれ、失恋の相手を通じてしか快感が得られないように縛られていた神経プログラムが徐々に解けていきます。単に神経回路が「麻薬《ドーパミン》」の禁断症状に陥っていただけで、この中毒が抜けてくれば、自然と別のことに興味が移っていくのです。

ですから、別れの辛さから逃れられそうにない時は、麻薬依存症患者を隔離病棟にしばし監禁するように、相手を思い出すデータには一切触れないのも役に立つでしょう。

苦しみの根を絶つには自分の心を見つめるというアプローチが重要ですけれども、それがうまくいかない場合の荒療治として、相手からもらった物や二人の写真、それから手紙やメールなど、親密なお付き合いをした記憶が思い出されるような物は、いっそ捨ててしまうのです。

捨てる際に、「あ、これで終わりなんだ」という意識もはっきりいたします。

また、ある音楽を聴いたら別れた恋人を思い出すならば、その音楽は一切聴かないこと。相手を思い出すようなものを見ない、聞かない、嗅がない、味わわない、触れない、考えない。自分の心を、しばし監禁するのです。

メールのやり取りなども極力、避けると良いでしょう。嫌いだというメールを送って忘れるつもりかもしれませんけれども、相手のことが嫌いというのも執着ですから、相手のことを意識すると、相手に関係するドーパミンの神経回路が活性化してしまいます。

一定期間、執着していた対象に触れない状態を続ければ、少しずつ麻薬が抜けてゆくように執着は薄れていくでしょう。

慈悲の心を練習するのも役立ちます。「あなたの幸せを願う」のは偽善だと申しまし

2人の写真を
捨てなくちゃ
私は前に
進めない…
この指輪も
持ってたら
ダメだ…

たが、集中して、相手をイメージし、「幸福であれ」と念じることによって、「偽善」の「偽」を取ってしまいます。

相手が新しい人生を歩み、その先で良い出会いに恵まれますように、と強く願います。

繰り返しそれだけを念じていたら、相手の幸せそうなイメージが思い描かれるよう

になります。そうしたら、そのイメージをパッとつかみ、さらに集中します。

実際、お別れの際に、お互いにとって一番良い道は、感情の乱れを取り除いて相手への優しい気持ちを持つことしかありません。結果的に、自分の心も温かくなります。反対に「我」が出てきますと、別れた後も相手に何か言いたいとか、言い足りない時があるかもしれません。けれども、それはたいてい、相手にとって優しくない感情です。

私にも、こんな経験があります。別れに当たって何度も話し合い、最後の最後に相手に言いたいことがあったのですけれども、相手から「もう会いたくない」と言われたのです。「きっとそれを言ってあなたは楽になりたいのでしょう。でも私は苦しくなるだけだから聞きたくないし、もう会いません」と言われて、ハッとしました。

確かに、それは一方が何かを吐き出したいだけ。自分がただ楽になりたくて、相手を苦しめようとしているに過ぎません。吐き出しても、お互いが苦しむだけです。

こういった我がままな感情のまま別れてしまいますと、その腐った感情の業《カルマ》の余波を受けながら、やがて次の人との出会いを迎えるはめになります、それは次の人との関係にまで、暗い余波をおよぼしかねないのです。

次に巡り会える人と今度こそ大事に関係を築いてゆくためにも、今回の別れは執着を残さずに澄んだ心身を準備しておきたいものですね。

そのためにこそ、慈悲《やさしさ》の練習は最高の武器と防具となってくれるでしょう。

lesson 9

悪魔から身を守る

私の心の中にいる悪魔よ、汝《なんじ》の第一の軍隊は欲望であり、第二の軍隊は不満であり、第三の軍隊は飢えと渇きであり、第四の軍隊は渇愛だ。汝の第五の軍隊は、ダルさと眠気だ。第六の軍隊は恐れ。第七の軍隊は、迷い疑いだ。第八の軍隊は、ごまかしと強がりと、インチキにより得られた利益と名声と尊敬と名誉と、自分を褒めて他人を見下すこと。

悪魔よ、これは汝の軍隊であり、黒くいやらしい攻撃だ。勇気なき者は、自分の中にいる悪魔に勝つことがない。勇気ある者は、打ち勝って安らぎを得る。

『経集《スッタニパータ》』436～439

隣の家に住む人の出す音がうるさかったら、「ああ、うるさい」とイライラする――そのような状態をブッダは悪魔の「軍隊」に攻め込まれる、という比喩《ひゆ》で表しました。

心の中へ軍隊がいきなり攻撃してきて、攻め落とされてしまう。攻め込んできた軍隊は「音」そのものではありません。「音」に対してイヤだと考えなければ、苦しみませんし攻め込まれないのですから。音そのものには「良い」も「悪い」もないのですけれども、頭の中で「悪い」と決めることによって苦しくなり、悪魔に攻め込まれる。

つまり、悪魔とは「音」ではなく、その音をきっかけにして自分の中に生まれた「不満」です。

つまり、悪魔の軍隊は外から来るものではなく、外から来た情報を受け取って脳に送り、「こんな時間帯なのに非常識なやつめ」とネガティブな情報処理をした結果として、自分の中で生み出されるものに他なりません。そう考えてみますと、私たち自身が悪魔の産みのパパでありママなのだ、とも申せましょう、トホホー。

ちなみに、戦乱の世において敵方の城を攻め落とすために効果的だったのは、「埋伏《まいふく》の毒」という攻め方でした。自分の配下の者を長年、敵方に潜り込ませ、仕えさせておく。敵方の重臣にさせ、城攻めの時に裏切らせれば、敵は一気に崩れていき、最後には城を落とせます。

私たちが外からインプットされてきた情報によってイライラしたり、動揺したりすることは、この埋伏の毒と似ているようにも思われます。そして結果的に、自分の城を落とさせてしまいます。

外から攻撃されても、批判される逆境に立たされましても、それに対して心の中で悪魔の軍隊が内通して「怒り」が湧くことさえなければ、城は落ちません。城の中にいる以上、外からどんなに攻めてもなかなか城は落ちないのです。

ところが、こちらの心が怒り、不満を持ってしまうことによって、自分の心の中に不満という名の「裏切り者」が出ると、心身ともに疲れていき、内部から崩れていってしまうことでしょう。

結果的に城は崩れ、相手の軍勢に負けてしまいます。

よくよく考えてみますと、まわりが一体何をしようとも、何を言おうとも、それに対してこちらが心を動かさない限り、攻め手は一切中に入ってこられないのです。

ブッダが言う悪魔の軍隊とは、自らの中の〈欲望〉であり、〈不満〉であり、〈飢渇《きかつ》〉

つまり飢えや渇きであり、〈渇愛〉です。ここでいう渇愛とは、何かが足りていなくて渇いている状態、渇くにしたがって、ああ苦しいッ、と求めている状態のこと。

第五の〈ダルさと眠気〉は、セットでよく仏道の本に出てきますけれども、眠気の一歩手前で意識が鈍磨《どんま》している状態のことです。

例えば「仕事がつまらないせいで眠くてダルいよ」と感じることも多いでしょう。けれども、その仕事について「つまらない」という脳内情報処理をしているがゆえに、ダルくなっているだけのことで、そういった思考をせずにせっせと取り組みましたら、同じ仕事でも楽しくなってきます。

ですから悪魔は「つまらない仕事」ではなく「仕事についてつまらないと考えてダル・・・・・くなる心」のほうなのです。

そして〈恐れ〉。この恐れを生じさせるパワーの源は、妄想でしかありません。

真っ暗闇《まくらやみ》の中を歩く時、つい過剰に警戒して周囲に何かあるのではないかとビクビクしてしまいます。見えないところに、存在しない恐れの対象を作り上げてしまいがちなもの。こうした恐怖が心に攻め込んでくると、平静さを保てなくなり、混乱します。

さらに、〈ごまかし〉と〈強がり〉と、〈インチキにより得られた利益と名声と尊敬と名誉〉と、〈自分を褒めて他人を見下すこと〉……と軍隊は続きます。私たちはいつも、ほぼ無意識的に自分のイメージを操作しようとしています。

例えば、相手に気に入られたい時は無意識的に自然な自分を偽って、やけに親切になったり、笑顔が多くなったりするもので、「素敵な自分」を演出してしまいがちなもの。しかしながら、そうやって素の自分を偽って、尊敬＝好意を得られても、それは演技なので疲れてしまうでしょう。

これらの、自分をうっかり騙して知らぬうちに苦しみを増やす悪魔に攻め込まれないよう、自分で心を見張っているということ。

冷静に相手の混乱や苦しみを観察

ある編集者から、以前急なトラブルが発生して仕事が手につかなくなったという話を聞きました。

ある本のカバーを作っていて、その著者にこの文面でOKという承諾をもらっていましたのに、印刷する間際にその方が文章を直したいと言い出し、業務がストップしてしまったそうです。印刷の締め切りまで時間がない中で相手を説得したり、関係者に謝って待ってもらったり、大慌てをしている間、頭がカーッと熱くなり、胸のあたりがドキドキして体調まで崩してしまったそうです。

最後には著者の意向を通すことになり、ギリギリの時間で何とか対応して騒動は収まったそうですけれども、その後もしばらく胸のドキドキが治らず、しばらく仕事に集中することができなかったと話しておられました。

土壇場で急な変更を言い出して混乱させた相手（著者）に対し、その方はやはり怒りや不満を持ってしまったそうですけれども、それが身体の変調に現れたのでしょう。

何かに対して怒る時、それはきっと自分にとって良かれと思って怒っているのでしょうけれども、それでは悪魔の軍隊に打ち勝つどころか、城が陥落してしまいます。

城を守るためには、相手の苦しみに思いを馳《は》せてみるのが役立つかもしれません。「この前はＯＫと言ったのに、今はＮＯと言う。ああ可哀想《かわいそう》に、この人は今、混乱しているんだよね」と、相手を観察してみます。

なぜなら、その著者がすべてをきちんとわかったうえで判断していたら、変更の余地などなかったはず。ですから、その方は、わかっていなかった。無知の状態で判断してしまっていたのです。

前は良い人を演じたくて、つい安請け合いしてしまったのかもしれません。その方の心のクセに従って条件反射的にイエスと言ってしまったのですから、その方には

「自由」がなかったのです（『不自由さを受け入れる』の項を参照）。そして反射的に言ったせいで、今、ジタバタと苦しんでいる……。このように、冷静に相手の混乱や苦しみを見ることによって、自分の平静さを取り戻します。

こんな「上から目線」は偉そうで良くないという見方が主流かもしれませんけれども、実際、それによって精神的に相手より優位に立ち、心を落ち着かせることができ

ます。

そして相手を見ることにもまして大切なのは、他ならぬこの城の内部、自分の心を見ること。相手のしたことゆえに自分の城が攻め込まれていると思うかもしれませんけれども、それを気にしさえしなければ、相手が何をしようとも心に毒は侵入できないのです。本当は、相手がしたことに対して嫌悪したり、腹を立てたり、疑惑を覚えて混乱するという、自分の中にいる悪魔の軍隊に攻め込まれているのだと省みること。

確かに相手は無理な要求をしてきた。けれども、そのことをいつまでも覚えていて苦しみを脳内でこねくり回しているのは、どうやら自分自身だよね。だって、相手は今、目の前にいないし、こちらに対して「何度も思い出して苦しみなさい」と命令できるわけでもない。うーん、つまりどうやら、「無理な要求」ゆえに苦しんでいるのではなくって、「無理な要求を何度も思い出して不快な刺激をリピートしたいマゾッ気のある心」ゆえに苦しんでいるみたい。そっか、悪魔は相手じゃなくって、このマゾッ気のある己の心なんだ。

そんな具合に腑《ふ》に落として、相手への怒りという悪魔さえ静まりましたら、きっと己の城は堅固に守られることでしょう。

第2章

不機嫌な心を静める

自分できることを、
自分でちゃんとすると
イライラしない

lesson 10

自己を整える

他人を変えようとつべこべ口出しする前に、まず自分の歪《ゆが》んだ心を手術して整え、そうして初めて他人にアドバイスしてあげるといい。そうすれば「あなたこそどうなのさ」と言い返されることもない。「やっていること」と「言っていること」の矛盾がなくなるのだから、いつもスッキリしていられる。

他人に教え示す《アドバイスする》通りに、自分でも行うのが君のためになる。自分の心をスッキリ整えた人だけが、他人の心を整えてあげられるのだから。

「自分」はとってもコントロールしがたい。だからこそ、「自分」をコントロールしようと努力するのはやりがいのあるカッコイイことだと言えるだろう。

『法句経《ダンマパダ》』158、159

私たちはこの社会では誰しも、学校の先生に習って育ちます。しかしながら、そうやって習う割には、子どもの頃は先生に対して誰もが不満や軽蔑《けいべつ》を抱いていて言うことを聞きません。なぜでしょうか。

先生は、必ず立派なことを言わなければいけないと決まっています。しかしながら、あいにく、その「立派そうなこと」を自分自身がやっていない先生が多いのです。

人に優しくしましょうと言うけれど、あの先生は優しくない。

皆、平等にしましょうと言うけれど、あの先生は差別をする。

あの先生は、「我が輩は皆のためを思って自分は言っているのであーる」という態度をとっているけれど、実際には自分勝手につまらないことで怒ったりしている。生徒が騒いでいる時に丁寧に言い聞かせるかわりに、自分の思い通りにならないことに腹を立てて、威圧的に怒鳴っている……。

そういう矛盾が、子どもの目についてしまうのです。生徒が先生の言うことに反抗し、道徳の時間にうんざりするのは、そこで言われていることに嘘《うそ》があるから。

もしも本当に、生徒皆に分け隔てなく優しく接しているとか、生徒が騒いでいる時も怒りを混ぜることなく自信を持って毅然《きぜん》と注意ができるとか、頼れるリーダーシップがあると感じられたら、生徒も先生の言うことを聞こうとするでしょう。

ここで語られているのは、そのような「自分ができていないことを他人に諭《さと》すな」、という教えです。特に、子どもに対しては、大人ができていないぐらいなら何も言わない方がマシだと私は思います。

なぜなら、実践できていない大人が「人に優しくしましょう」と言ったら、教えられた子どもはどう思うでしょうか。

「自分ができていないくせに、何をキレイごと言っているんだよ、ちぇッ」と思うでしょう。つまり、子どもにとってみれば、「人に優しくする」ということは、大人にとってはやりたくないことなのだと想像できてしまうのです。この大人はなぜやらないのか。それをするときっと損をするのだ、もっとワガママにしていた方が楽しいから大人たちは人に優しくしていないのだ、と思われても不思議はありません。

さらに申しますと、子どもに「人に優しくしなさい」と言って、その子が人に優しく、穏やかになったら、周囲の大人は楽でしょう。しょせん大人は自分の利益のために、子どもを洗脳しようとしている、と敏感な子どもは心のどこかで気づいています。

あるいは、ダラダラとテレビを観《み》ている親が子どもに「頑張って勉強しなさい」と言ったら、その子は、「なるほど。親が頑張れと言うのは、自分はしたくないけど、人を頑張らせたら親にとって得だから、子どもにやらせるんだ」と思うかもしれません。

つまり、社会で徳目《とくもく》とか倫理と言われている事柄は、実践できていない人が言うと、「自分がやったら損をする、けれど他人にやらせれば得をすることなんじゃないかなあ」という誤解をさせてしまうのです。

それを子どもに押し付ける大人自身も、そういう先生や親に育てられたために、良いことを自分がしたら、自分が損をして相手が得をすると錯覚しているのです。

ところが、本当に相手に優しくしたら、どうなるでしょうか。快感に引きずられて脳内にドーパミンが出て興奮することもなく、不快感に引きずられてノルアドレナリンが出て疲れることもなく、心が真から充足して幸せであることを認識し始めます。「人に優しくすることとは、まさに自分にとって得なのだなあ」とわかっている人は、実際に人に優しくできているわけですけれども、そういう人が確信を持って「人に優しくすることとは、自分にとって良いことなのですよ」と言うと、説得力があります。

実際に人に優しくできている人は、その人自身が幸せそうなので、周囲の人も、「この通りに真似《まね》してみよう」と思えるのです。

もともと「学ぶ」は、「まねぶ」から来ていると言われますけれども、真似したくなるような大人なら、人はそのようにしてみようという感じになります。何より、実際に実践している人の言葉には説得力があります。何せ、それを実際にやっていて、気持ちが充実しているという事実に基づいていますので、言葉があいまいになったり、表情が嘘っぽくなることがありません。

論理性がなくて自信がない人ほど回りくどい話し方になりますけれども、実践していない人が人を説得しようとしても、話の中に変な理屈をたくさん入れるために、聞いている方はまったく納得できないのです。

そのようなわけで、道徳の授業をするのは、本当は学校の先生ではなく、実践できている「心のエキスパート」がやるべきだと申せましょう。

自分が実践できていないことを、他人に諭さない

「自分ができていないことを他人に諭さない」というのは、大人と子どもに限定した

話ではありません。恋人関係でも、友人関係でも、上司と部下の関係でも同じです。

例えば、怒っている人に対してイライラしてきて「お前はいつも怒ってばかりだ、少しは落ち着いたらどうだ」と諭しても、説得力はありません。

怒ってはいけないと諭している本人が怒っているのですから、諭された方も、「そんなことを言うのは、私の怒りが君に及んで損をするのが嫌だからでしょ」とわかってしまいます。ですから、怒るのをやめようという気には決してなりません。

人に怒ってはいけないと言いながら怒っている人は、実はその時、「道徳の説法者」になっているのです。「怒るというのはダメなことだ！ お前はもっと心を静めるべきだよ、愚か者めッ」と相手に教え諭したいのです。

しかしながら、自分だって実践できていないために、説得力はまるでありません。

ところが、穏やかな人が「怒ると疲れるよね」と諭してくれたら、「確かに私ばかり怒っている。相手は穏やかで幸せそうだ、怒るのは損だ」と素直に思えるでしょう。

とは申しましても、「道徳の説法者」などと言われても、ピンと来ないかもしれません。

例えば皆さんは、他人に、欲望を持ってはいけないと諭したくはないでしょうか？

いや、欲望を持ってはいけないなんて大げさなことは人に言いたくない、と仰る方が多いかもしれません。しかし実際は、とても諭したくてウズウズしているのです。なぜなら、私たちはよく誰かに対して「ムダ話ばっかりしないでよ」とか、「自分にばかりやらせないでほしい」と思ったり、言ったりするでしょう。そのような時、実は「あなたは欲望が強すぎるから、欲望を抑制しなさい」と諭しているのです。

「自慢話をするのはやめた方が良い」も、「ダジャレばかり言わないでよ」も、相手に、くだらないことを聞かせたくなる欲望を抑えなさい、お説教しているのです。

それは、学校の先生が生徒に「それは道徳的に間違っている」と言って説得しようとしているのと同じであるように、私には見えます。

ですから、一見すると道徳というのは私たちの生活に無縁なように思えますけれど

も、そんなことはなく、皆、道徳を使って「それは間違っているのだーッ」ということを知らず知らずのうちに、しょっちゅう口に出して相手を批判していると申せます。

しかしながら、自分も実践できていないために、何を言っても説得力はありません。ですから、まず他人に何かを言う前に、自分がそういうことをするのをやめて、確信や説得力を持って言える自分になる必要があります。

一番良いのは、まず自分を整えてから、他人を諭すことです。二番目に良いのは、自分が実践できていない事柄に関しては何も言わないことです。一般的には何か言った方が良いと思われがちですけれども、あえて沈黙してみる。そして三番目に、最も賢明でないのは、自分が実践できないことを人に諭すこと。

賢明でない人は、自分が実践できていないのに人に諭すせいで、相手が怒ってしまったり、受け入れてくれなかったり、言うことを聞いてくれずに何度も言い合いを繰り返す羽目になります。すると私たちは非常に惑い、悩み、苦しみます。

「前にも言ったのに聞いてくれない」と無力感を味わうのです。しかし自分を整えて諭したら、相手が聞いてくれる可能性が高くなりますので、悩むことはありません。

相手につべこべ何か言いたくなった時は、「いやいや、まずは自分を整えるのが先だった」と、自らを見つめるチャンスにしてしまいましょう。

lesson 11

自分に勝つ

怒らない心によって、君の心の怒りに勝つように。
善《ポジティブ》なる心によって不善《ネガティブ》なる心に勝つように。
サラっと与えることによって、ついついケチりたくなる心に勝つように。
事実を言うことによって、嘘をつきたくなる心に勝つように。

『法句経《ダンマパダ》』223

誰しも「イライラしたくなんかない」とは思ってはいましても、怒りというものは、ある特定の条件が揃《そろ》うと、ポンッと自然に湧いてきてしまうものです。また、不善な心が湧いてくるのも、ごくごく自然なことです。「ちょっと今日は眠いし、ダラダラするぐらいならいいよね」という具合に。あるいは、自分の持つお金やアイデアや物を惜しみ、人と分かち合いたくないというケチな感情も、自然と湧いてきてしまうものです。

けれども、それらを放ったらかしにしておくと、だんだんそうした悪意の勢力が私たちの中で強くなっていきます。私たちの心というのは、いわばさまざまなエネルギーが働いている磁場フィールドのようなもので、その中には自身を自己破壊に導いていくような感情の勢力も幅をきかせています。その悪意の勢力が心のフィールドの中でより強くなりますと、イヤな感情が湧いてきやすくなります。

反対に、心の乱れから離れていたい、より穏やかな心持ちでいたいという善の勢力もあります。しかしあいにく、その力の方が悪意よりも弱い。

自分の中から自然と湧いてくる怒りからスッと離れるとか、自分が持つものに執着せずに自分の技術やアイデアを人に使わせてあげるとか、お金や持ち物を差し上げる感情というのは、弱くて淡いためにすぐ消えてしまいがちなもの。すぐに「まあいっか。やーめた」となってしまいます。

けれども、時には、「そうしようかな」という気持ちがすぐ消えずに持続する時もあるでしょう。それが、心の磁場フィールドの中で心の乱れから離れたい勢力が少し強まった瞬間です。

その時に私たちができることは、「まあ、今やらなくてもいいか」と避けてしまわずに、「今、これを実行しなければ、磁場の力関係が崩れ、また悪意に占領されちゃうんだよね」としっかり認識して、その善い心を守ってあげることです。

よく「怒ったら負け」と言われますように、怒らないでいられる人は、心が乱れた人に対して精神的優位に立っていると申せます。

優れている人というのは、論理的に因果関係や法則性を俯瞰《ふかん》で見通せる人と捉《とら》えてよいかと思われますけれども、怒ると、てきめんに論理性や客観性が下がります。怒っていない人は、冷静に全体を見通せますけれども、怒ってしまった時点で、総合的な判断ができなくなり、闘牛の牛のようになってしまうのです。もう目の前の闘牛士の赤い布しか見えなくなり、闘牛士に支配されてしまいます。

腹の立つ出来事があっても、「あ、自分は怒っている。怒らないで心を平静に保とう」という感情が少しでも生まれてきたら、それに力を与えてあげること。すると、平静さが徐々に心の磁場の中で勢力を増していきます。さらに、普段から、よりその方向に行けるよう意識していれば、怒りの軍勢はどんどん弱まっていくでしょう。

何かの拍子についイラッとしたり、嫌な気分になってしまうことは日常生活でしばしばあることですけれども、「何があっても、怒らない心によって、怒りに勝つのだ」と心を戒めていれば、だんだん怒らなくなってきます。

仮にどんなことをされようが、どんな嫌味を言われようが、「ま、いっか」と。

善い心が出てきたら、大事にして押し通す

例えば、旦那《だんな》さんがお休みの日に、仕事で外出している奥さんに代わって、今日ぐらいは奥様の好きなご飯を作ってあげようと思ったとします。

心の磁場フィールドの中に、自分の労力を使って相手を喜ばせてあげようという心

がチラッと出てきたのです。しかしながら、その善心がそのまま自然の状態で支配的になるかというと、そうはいきません。

奥様の好きなトマトソースのパスタを作ってあげようと思って、まず買い物に行きます。でも、トマトを買おうと思ったらトマトが売り切れていた。あるいは、必要な食材が、思っていた値段より格段に高かった。そんなことだけで、「トマトがないってことは、作らない方がいいってことかな」とか、「適正価格ではない食材をわざわざ買ってまで作る必要はないよね」などと、何らかの言い訳を自分で作り出して、結局、作るのをやめてしまったりすることは、よくあることでしょう。

あるいは、先週、奥様がご馳走《ちそう》を作ると言ってくれていたのに、疲れているからと手抜きだったな、などと思い出し、「じゃ、自分もやらなくていいや」と諦《あきら》めてしまう。作るのをやめないまでも、食材もないし、時間もないから、出来合いのトマトソースをパスタにかければいいか、などと、自分の中でつまらないものにどんどんランクを下げていくかもしれません。

このように、心はいろいろな言い訳を見つけてきてしまうのですけれども、本当は、理由なんてどうでもいいのです。要は、心の磁場フィールドの中に奥様を喜ばせてあげようという善い心が出てきたのに、やめたいという悪いエネルギーの方が善いエネルギーを駆逐してしまい、何でもいいから理由を引っ張ってきてはやめようとしているだけのこと。

もしもその店にトマトがなくても、隣の店まで行って買えば良いのです。それでトマトソースを作ったとしたら、ハードルを乗り越えてやり通したことで、充実感が湧くことでしょう。

また、出来合いのソースをかけるだけの料理より、わざわざトマトからソースを作ったほうが相手も喜ぶでしょう。相手が嬉《うれ》しく思ってくれそうなことを、ついやめたくなってもちゃんとやったのだという気持ちは、自分自身を喜ばせ、幸せにします。

反対に、トマトソースを作るのをやめ、手抜きをしたら、楽になって幸せになるかというと、そうではありません。「せっかく喜ばせてあげようと思ったのに、変な言い訳でごまかして、できなかったな」と、ちょっとした敗北感が残ることでしょう。それなのに、なぜかやめたくなる。おやまあ、心の動きというのは矛盾しているのです。

ですからブッダは、善い心が出てきたら、ポジティブな心を大事にして押し通すことによって、面倒だという悪い心に打ち勝たねばならないと言っているのです。

いろいろ言い訳を引っ張り出したくなっても、きちんと作る。きちんと作ることによって、自分の歪んだ軍勢に打ち勝った、という充実感が湧いてきます。

そうすれば、できなかったことによって敗北感や無念やちょっとした罪悪感を残さずに済みます。裏を返しますと、普段は多くの場合、やろうとしていたことを何かと理由をつけてやめようとするせいで、自分でも知らず知らずのうちに、敗北感や罪悪

感を残してしまっているのだとも申せることでしょう。

求められたなら、与えることで心穏やかになる

「サラっと与える」というのもなかなか難しいもので、私たちは人に何かを教えてあ

げる時、つい「この俺様が教えてやったのであるぞ」と著作権を主張したくなる。

例えば、友だちに「この本、面白いんだよ」と薦めたとします。それを友だちが気に入ってくれるのは嬉しいのですけれども、その友だちがその本のことを別の人に話していて、そこで「自分に薦められた」という言葉が入っていないと、何だか嫌な気持ちになったりしがちなもの。「それ、私が教えたのに……」と。

笑い話としましては、自分が友人にある映画をお薦めしたのに、そのことを忘れられ、友人から反対に「あの映画、面白いから観たほうがいいよ」と言われて「教えたのはこっちだよ」とムッとした、なんていうエピソードは、よく聞く話です。

鷹揚《おうよう》に教えてあげているつもりで、実は、「こんなにいいものを教えてくれてありがとう」と感謝されたいとか、「君ってセンスがいいね」と感心してほしいという、「自分のコピーライトをつけたい」願望がどうしてもぬぐいきれないのです。

言わば、著作権の亡者。そのせいでムダにストレスを増やすぐらいなら、普段から、心の中で「自分ッ」としがみついている勢力を弱めてまいりましょう。そして、求められたならば、与えることで人と分かち合うほうが、心穏やかでいられます。相手に与えて、自分に返ってきたものがどうであれ、忘れておくこと。

そうすれば、ケチな心に打ち勝つことができることでしょう。

lesson 12

嘘をつかない

どこで誰と一緒にいるときも、決して他人に向かって、しれーっと嘘を言ってしまわないように。

事実に反することを言うせいで、君自身の心に矛盾が生まれて、知らずしらずのうちに、潜在意識に苦しみが植えつけられてゆくだろう。

そしてまた、他人に、嘘を言わせるように仕向けることもないように。

他人が嘘を語るのに気づいたら、その嘘を受け入れないこと。

自分の嘘も他人の嘘も、よけて歩くのがいい。

『経集《スッタニパータ》』397

嘘をつくと、自分の中の正しい情報に正しくない情報を上書きしてしまうので、記憶の連結がおかしくなり、思考のノイズが走りやすくなる。前著『考えない練習』ではそう申しました。今回は、もう少し違った側面から、嘘について触れてみましょう。

嘘をつきたくなるのは、どんな時でしょうか。自分が得をするとか、自分のイメージが良くなるとか、自分の欠点を隠せるためで、そういう時、ムズムズしてつい嘘を言いたくなってしまいます。しかしながら心の力がある人は、それをあえて言わないように押し留めるものである、とブッダは言います。

なぜ、嘘が良くないのでしょうか。嘘をつくと、心にやましさを抱えつつ、嘘が露見しないようにするために、整合性を保たなければいけません。それと矛盾することをしてしまうと、嘘がバレて困りますから。ゆえに嘘をついたことをずっと覚えていなければなりません。常に自分が間違ったことをしたと意識し続けなければいけないのですから、それはしんどいことです。ですから、嘘をつくのが私は嫌なのです。

私の知人で、こんな方がいました。その方は、仕事のお得意様からあるイベントに誘われたのですけれども、その日はプライベートな旅行の予定でした。別に素直に「旅行で行けません」と伝えれば良かったのに、相手がお得意様だけに何となく「その日はあいにく仕事が入っていて……」と嘘をついて断ったそうです。

ところが当日、旅行で浮かれていたためかつい自分の嘘を忘れ、「ツイッター」というウェブサービスに「これから旅行だ、楽しみ」などと書き込んでしまった。しばらくしてから、イベントに誘ってくれた方が自分のフォロワー（書き込みを見ている人）だったことに気づき、慌てて後から、「だけど旅行の前に仕事していかなきゃ」などと、取り繕うための嘘を書き込んだそうです。小さな嘘をついたために、さらに嘘を重ねなければいけなくなった、自業自得だったと笑っておられました。

こんな些細《ささい》な嘘も、それを覚えていなければいけないというのはしんどいことです。心を緩《ゆる》めることができなくなるのです。心のたがを外して素直になってしまうと、整合性が保てなくなるのではないかと緊張して、常に警戒していなくてはいけません。

なぜなら、嘘がバレると、相手が嫌悪感を持つことを知っているからです。

多くの方が案外気軽に嘘をついてしまう割には、自分が嘘をつかれると、とても嫌な気分がします。また「この人は嘘をつくから信頼できないよね」と思ってしまう。

自分が嘘をつかれるということは、「自分が大事に扱われていない……がーん」と認識するからでしょう。「この人は、嘘がバレたらバレたで構わないのだ」と思ってしまったり、もっと大げさに申しますと、「自分との関係にヒビが入っても良いと思っているのではないかしらん」と認識するために、嫌悪感が生まれてしまう。

嘘をつかれるのも嫌なものですけれども、人が他人に嘘をついているのを知るのも同じように嫌なもの。例えば、仕事を休む理由や誰かと会えない理由について、しょっちゅう嘘をついているのを傍《そば》で見ているとします。すると次第に、たとえ直接自分には嘘をつかれていなくても、その相手からこちらに言われた言葉を「本当かな」と、「あの時のパターンからすると、これは何かを隠すために言っているのかな」と疑うようになってしまうかもしれません。

嘘を重ねると、結果的に、あらぬ疑いを他人に持たせてしまうことになるのです。また、嘘はついた相手を傷つけますから、その刃はいつか自分に帰ってきて、自分も傷つけます。ですから、本当のことを言っているのが一番楽なのです。

嘘をつきそうになったら、単に事実観察に留める

何かを聞かれて嘘をつきかねない状況になったら、どうしたら良いでしょうか。

「あの日、どこにいたの？」と誰かに聞かれた時にその場所を言いたくなかったら、「まあ、いろいろです」とか、「さあ、どこにいたんでしょうね？」などとはぐらかせば、嘘は言わなくて済む。単に答えるのを拒絶しただけですから。

曖昧《あいまい》に話を濁す、または、嘘の理由を言うのではなく、できることなら理由なしで断る方が良いでしょう。嘘をつくぐらいなら、何も言わないことをお薦めいたします。

また、しばしばありますのは、何かに対する評価を求められた時に、思わず軽い嘘をついてしまうことです。

自分は別に良いと思っていないけれど、相手が良いと思っていることに対して、反射的に「いいですね」と同意してしまうことがあるでしょう。でも、本当は良いと思っていない以上、具体的な内部の話に入ったら、オリジナルな感想が出てきません。

何かしらのかたちで、実はそれほど興味がないことが後でバレてしまい、「この人は適当に人に合わせる人なんだ。いい加減な話をする人だ」と思われてしまいます。それだけで、真摯《しんし》に話を交わす価値のない人だと思われる可能性もあります。

そうなるぐらいなら、やはり嘘を言わないこと。「いや、つまらないと思います」とまで言う必要はなく、感想を求められたら、「いやはや、それはね……ははは」とか

「うーん、何とも言えないなぁ」とか「私には、これに対する感想を述べる力量はちょっとないかもしれないな」なんて感じで、軽くかわすのも良いかもしれません。

また、何となく社交辞令的には、否定しづらい場合というのもあるでしょう。誰々さんの赤ちゃんがかわいいとか、子どもがかわいいとか。しかし、別にかわいいと思っていないのに「かわいいね」と言うのは疲れます。

そんな時に、無理してかわいいと言う必要はありません。事実に即した具体的な感想を言えば良いのです。「この子は眼が大きいね」とか、「この赤ちゃんは鼻が丸いね」など、単に事実観察をして、自分が興味を持った部分だけ取り上げる。

「つむじがうっすらしているね」、あるいは「赤ちゃんのホッペがプクプクしているね」など。「ホッペがプクプクしていて、かわいいですね」とまでおべっかを使う必要はない、ということ。他の方が「かわいい」と言うかもしれませんし、とりあえずこちらが興味を持っていると思ってもらえるだけで十分でしょう。

本当にかわいいとか、服装が似合っていると思った時は素直にそう言えば良いのですけれども、服が全然似合っていないと思ったのに感想を聞かれた時には、「この水玉の大きさと、この水玉の大きさが違っていて面白いね」など、単に事実観察に留める。

相手のアイデアを聞かされた時にも、無理して「それは良いアイデアですね」と言う必要はなく、具体的関心を示すために、「そのアイデアにあれを組み合わせたら、もっと面白そうですね」など建設的な意見を述べるかたちで反応すると良いでしょう。

「それは良い」と嘘《デタラメ》を言うのは、実はとても雑で、安易なことなのです。本当はもっ

と具体的な反応ができるはずなのに、とりあえず良いと言っておけば相手が喜ぶと思っている。非常に単純な発想で、私たちは軽々と嘘をついてしまいます。

私は普段、嘘をつかないようにと、とても努力しています。努力しているにもかかわらず、それでも年に二、三回は、うっかり出てしまいます。

例えば、イエスかノーで答える質問をされた時、ノーと答えるのが事実なのに、あえてノーと言うよりもイエスと答えた方が自分の都合が良いとき。自分から言ったわけではなく、相手から呼び水をされたのですから、嘘を言う負担がやや少なくなります。そんな時、条件反射的に、つい「そうですね」とか「ええ」などと言ってしまうことがあります。ノーと言うことによってあえて面倒を起こして嫌がられるよりも、自分のイメージが少し良くなるということに、つい負けてイエスと言ってしまう。いやはや。

このような軽い嘘であっても、どんな嘘でも、嘘をつくことで最も良くないのは、自分が思っていないことを言うことを通じて、心の負担《ストレス》が強まるということです。

自然状態に置かれていたら、私たちは自分の思っていることを自由に言うでしょう。利害関係がなければ、面白いと思ったら面白いと言いますし、面白くないと思ったら面白くないと言う。キレイだと思ったらキレイと言うし、汚いと思ったら汚いと言う。

ところが、相手にどう思われるかを気にするため、キレイと思っていないのにキレイと言う。自然に出てくるものを無理やり捻《ね》じ曲げるので、心に負担を与えてしまいます。

ですから、自分を偽らねばならないシチュエーションに身を置いていると、疲れるのです。苦しまないためにこそ、嘘をつかない練習をいたしましょう。

lesson 13

業を良くする

悪い行為《カルマ》を積んでも、その報いが熟して襲ってこない間は、愚か者は「甘い蜜《みつ》を吸えている、しめしめ」と錯覚する。しかしながら、悪い行為《カルマ》が熟して報いが現れるとき、愚か者は苦しみを受ける。

悪い行為《カルマ》を積んでも、それはまるでフレッシュな牛乳のようなもので、今日すぐに固まらず少しずつ固まって熟する。悪い業《カルマ》は、灰に覆われた火のように、少しずつ燃え熟しながら愚か者を追いかけてゆく。

『法句経《ダンマパダ》』69、71

ここでは、人の「業《カルマ》」について語っています。業とは、「心の中に蓄えられて次の感情を生み出すエネルギー」程度に理解すれば良いでしょう。業は、過去からずっと原因と結果の連鎖を織りなしつつ、新たな感情を生み出しています。

泥棒をしたら警察に捕まるとか、そうしたことも確かに原因と結果ですけれども、業とは、そういう大雑把なものに限りません。何かを思ったり、何かを言ったり、行動したりすることによって、ある印象が心に刻み込まれ、そのエネルギーの余波が次の感情を生み出し、結果として、良い感情や悪い感情を我が身にもたらすということです。

悪い業を生み出す「悪いこと」というのは、賭《か》けごとをしたり人の悪口を言うこと、嘘をつくこと、言い争いをするなど、心に欲や怒りが刷り込まれる行為のことです。

そういった言葉や行動に移さずとも、欲望か嫌悪感に基づいて思考すること自体が、強い悪業になります。例えば、「これは美味《おい》しくない、嫌だ」と心の中で思ったら、それも悪。美味しくないと思って、心に「怒」が刷り込まれること自体が心身に悪いエネルギーを蓄えることになるのですから。あるいは「美味しくありませんわ、このキャベツケーキ」などと口に出して言うことも悪です。

業とは心のエネルギーですから、何かを思うことによって、自分の心に植え付けられ、植え付けられたエネルギーの余波が例えば一〇分後、一時間後、一週間後、一年後に、必ずやそれにふさわしい喜びや悲しみの感情を反復します。

例えば、惨めな思いをしている小学生が夜、ベッドの中で「クラスの皆を征服してやりたい。征服したら楽しいだろうな、わくわく」と妄想したとします。すると、それは強い印象を心に残し、確実に心にこびりつきます。「征服したい、征服したい……」と、しばらくエコーがかかったかのように心に波紋を与えます。このように心に波紋を与えると、次の思考も我がままな思考になりやすくなります。

裏を返しますと、そういう妄想をすると、「自分の我がままにできない現実」に対して、より惨めな印象が強くなるのです。辛《つら》いとか耐え難いという思い、つまり苦しみを受ける度合いが、前日より微妙に強くなってしまいます。

そして翌日にまた学校で「ああ、嫌だなぁ」と思うと、それもまた「嫌だなぁ」「嫌だなぁ」と、強い刺激とともに心に波紋を与え、次の感情に影響を与えます。その余波が心に影響して、家に帰ったら、さらに変な妄想を生んでしまうかもしれません。

「クラスの男子も女子も、自分の奴隷になればいいのに」。そうしましたら、その思いはまた心にこびりつき、心に波紋を与え、次の感情にまた影響を与えることになります。そうやって、刻一刻と報いを受けるのです。

そのような時、自分では、現実が辛いから妄想しているとか、妄想をしていること自体が辛いことだとはまったくわかっていません。この想像は楽しい蜜の味だと思っています。けれども実際には、そういった妄想の業ゆえに学校で辛い目に遇《あ》い、嫌な思いをしたイヤなエネルギーが、牛乳が徐々に固まっていくように結果を生み出す時、いやおうなくイヤな内容の妄想をせざるを得なくなる、という報いにつながっているのです。

嫌な思いをするのは、悪業の借金を返す機会

たった「寒さ」のことだけにおいても、心持ちが穏やかで優しい気持ちである時には、「寒くて嫌だなッ、むかつく」という感じではなく、「ああ、寒いな」程度で済みます。

つまり、「寒くて嫌だなッ、むかつく」と思ったとしたら、それは過去に「嫌だ」と

いう悪業を積んだ余波の影響を受けて、苦しみを受けているのです。

あるいは、電車の中で携帯電話を使って話している人がいた時、「マナーが悪い人がいてイライラする」と思うかもしれませんけれど、心が穏やかなら、そう思わない可能性もあることでしょう。

心が穏やかになるためには、穏やかになるような心持ちを過去に刻んでいないとなりません。反対に、悪い心が波紋を及ぼしていて、「嫌だな、嫌だな」という気持ちがエコーのように心に刻み付けられていたら、嫌なものが聞こえ、嫌なものが見えるようになる。同じ情報に対して、苦痛を覚えるきっかけが増えてしまうのです。

それが「自業自得」のエッセンス。電車で電話をするうるさい人を見たら、なぜ嫌な思いをするのかと申せば、自分で嫌な思いをするような負のエネルギーを積んでいるから。

こうした業の仕組みがわかってくると、嫌なことを見たり聞いたりしても、むやみに腹を立てずに済むようになります。

なぜなら、電車内で電話をしている人は、勝手にその人の悪業を積んでいるのです。その人だって、車内で電話をすれば他の人が迷惑に思うだろうということはわかっているにもかかわらず、「でも、いいでしょ？」と自分の都合の方を優先しています。そういう傲慢《ごうまん》な思考を心の中でこねくり回して、自己正当化しているのです。

しかしながら、そういう行為は非常に強い緊張感を心に生じさせ、嫌な感情の余波を心に刻み込んでいます。結果的に、その人は車内で電話をしていることによって、その悪業が原因になって、後で必ずそれなりの報いを受けざるを得ないのです。

ところが、こちらがその人に対し「むかつくッ」と思ってしまったら、「むかつくッ」と思った怒りが自分の悪業になってしまい、後で自分が報いを受ける。嫌なことをしている人に心の中で噛《か》み付くことによって、結果的に損をしてしまいます。

すなわち、悪業を積んでいる人がやがて勝手に報いを受けるのに任せておけば良いのですから、自分はせめて悪業を積まぬよう、自分の中に欲望や怒りが働いているかいないかをきちんとチェックすることが賢明と申せましょう。

さらに、業というものを、もう一歩踏み込んで考えてみましょう。

例えば、誰かが絶えずおしゃべりをしている時、「うるさいな、嫌だな」と思うのは自分の業の報いによるものですけれども、自分が嫌だと思う情報に接するハメになったこと自体も、実は業の結果なのです。

なぜなら、それ以前に、文句やケチをつけたくなるような心持ちを心に刻み付けていますと、そうやって刻み込まれた感情というのは強い刺激を与えてくれるために、同じタイプの強い刺激をもう一回、入力して味わいたくなるからです。

心の中に「嫌だよ、嫌だよー」というエコーをかけていると、知らず知らずのうち

そんなの
ムリだって
言ってるでしょ
借金(悪業)に
なんでわかって
くれないの!?
ガコッ
借金を重ね

に、自分から進んで嫌な気分を反復したくなり、嫌なものに出合う場所に行ってしまう。知らず知らずのうちに、嫌な音や声が聞こえる状況を作り出してしまう。

最も強烈なのは、お互いが嫌な気持ちになるような相手と無意識に惹《ひ》かれ合ってしまう、もしくは、そんな人がいるような場所に行ってしまうことです。そして実際に嫌な目にあい、「くそッ！ あいつのせいで嫌な目にあった」と思っても、実は自分が

そういう目に遇いたくて動いているので、結局は自分のせい、自業自得なのです。

そうして業を理解して現実を受け入れると、たとえ悪い業の報いを受けたとしても、「確かに自分が過去に悪業の種を蒔《ま》いた結果なのだから、その結果を今、受けている、その借金を支払いましょうとも、やれやれ」という穏やかな心持ちになります。

ですから、嫌な思いをするということは、自分の悪業の借金を返す機会とも申せます。嫌な思いをしたとしても、これで悪業が消えたかなと思えば心は楽になる。

ところが、多くの場合、「こんなひどい目にあうなんてサイテー！」と思うので、それがさらに新たな業になっていきます。せっかく借金を払うチャンスだったのに、「嫌です、払いたくありません」と借金取りを追い返し、むしろ借金を増やしてしまうのですけれども（おやまあ）。すると、借金取りがもっとパワーアップして戻ってきます。追い返しても、借金取りはどこまでもついてきます。業が、「少しずつ燃え熟しながら愚か者を追いかけてゆく」というのは、そういうことなのです。

lesson 14

孤独を味わう

孤独の味わい、心の静けさの甘さ《スイート》を君がじっくりと味わったなら。

独りでそっと自分の心と向かい合う安らぎの味わいを知ったのなら。

こうして「独り」の力を取り戻して、何を失うのも怖くなくなったなら、君の中からはネガティブな行動も、ネガティブな言葉も、ネガティブな感情も消え失《う》せる。

真理、すなわち心の因果法則を知ったことの心地良さを味わいながら。

『法句経《ダンマパダ》』205

昔、私たちは、退屈な時間や孤独な時間に耐えなくてはいけない環境にありました。すぐ電話で誰かと話ができるとか、すぐネットで誰かの言葉が見られるとか、自分の言葉に対するレスポンスが得られるというのは、とても無理なことでしたから。

それほど昔でなくとも、私が中高生の時もそんな状態でした。退屈な時間は一人で本を読むか、音楽を聴くか、寝っ転がって悶々《もんもん》とするぐらいしかできなかったものです。

話したいと思って電話をかけても相手がいないこともありますし、携帯電話のようにダイレクトではありませんから、まず相手の親に電話を取り次いでもらわなくてはいけません。テスト期間中は友だちの親に取り次いでもらえないこともありましたが、今は常にアクセスできます。簡単にアクセスできるために、軽い言葉がいつも行き交っています。携帯電話以外にもチャットやツイッターで用いられるような軽く短い言葉で「つながって」います。けれど、きちんと通じ合えてはいない。言葉をたくさん交わしているのに、中途半端に通じているせいで、余計に寂しくなっているように思われます。

世の中でもてはやされがちな「つながり」というのは、実は何ともインチキ臭い言葉ではないでしょうか。誰かと「つながっている」という錯覚のもとに、お互いのことをわかっているつもりで、まったくわかっていない。

お互いの言葉の質が軽すぎるせいで、どんどん寂しくなっていきます。最初から言葉を交わしていない前提なら、初期衝動的な寂しさの中にしっかりと心を留めて孤独に耐えているうちに、寂しさはそこで終わります。寂しさに対する耐性がついていくのです。しかし、すぐに「つながる」ことばかり考えている現代人は、孤独や寂しさを大事にしていません。

つながっている錯覚のせいで、孤独に対する耐性が失われていると申せましょう。そのため、寂しくなるたびにすぐに他人から優しくしてもらって、「つながった」気持ちになりたくなる。このように他人への要求や期待が増えて、それが満たされない時はイライラしてしまうのです。

ここで話を転じますと、誰しもこんな経験をされたことがあるかもしれません。嫌なことがあってムシャクシャした日に限ってさらに嫌なことが起こる、「もうヤダッ」という経験。

例えば、朝あらぬことで同僚に文句を言われ、ムカつきながら、いつもの店でランチを食べようとしたら、普段より多くの量が出てきたので無理して食べたらお腹《なか》いっぱいになって気持ち悪くなってしまった。そのせいで午後の仕事がはかどらなかった。

夜には夜で、デートの約束があって恋人から時間を指定する連絡が入る予定だったのに、午後六時になっても連絡が来ない。ようやく七時に連絡があって八時に会えるという。しかし、そんなに遅くまで連絡がなかったせいで、その時点ですでに不満が溜《た》まっていて、デート中も恋人に対しても感情を爆発させてしまい、喧嘩《けんか》になってしまった。やっぱり、今日は厄日に違いない――。

うーん、踏んだり蹴ったりと言いたくなるような一日です。が、よく考えてみますと、最初から自分がイライラしていなければ、そこまで怒らなくて済んだはず。

普段の冷静な状態であれば、多少ご飯の量が多くても、これ以上食べたら気持ちが悪くなるから残そうという適切な判断ができたかもしれません。イライラする業《カルマ》が暴れているからこそ、全部食べてやれ、自分を痛めつけてやれと暴走気味になる。

一度、怒りの炎が心の中で活性化すると、心の習性としては、いったん生じた怒りを反復させてより強めたいという衝動が強くなってしまうために、結果として、自分から悪いことばかり引き寄せてしまうのです。

恋人からの連絡が遅くて怒るのも、自分が引き起こしたことです。こういう時、私たちはどう考えるでしょうか。会う時間を相手がなかなか決めてくれなかった、つまり相手は自分を大事にしてくれていない、だから私は怒る……というように、相手ゆえに自分の怒りが喚起させられていると思いがち。

本当は、それ以前にすでに怒りのパワーが起動されていたのです。自分の中にある怒りのパワーに従って、もともと何があっても怒るようなモードになっていた。もしも普段と変わらない精神状態なら、七時に連絡があって八時に会えれば、それほど怒ることでもないでしょう。

つまり、もし恋人が時間通りに来ていても、例えば「料理が美味しくない」などと、別のことで怒って不快になっていたはずです。

とにかく業《カルマ》により、その時「怒ること」だけは自分の内部で決まっていて、その怒りのターゲットがたまたま目の前の恋人だっただけのこと。つまり、怒りのターゲットは恋人でなくても、誰でも、何でも良かったのです。言ってみれば私たちの世界は「目の前の相手」とは実はつながらず、孤立しているのです。

上司の言葉に影響されて怒る、恋人が冷たいから怒る、というのは、世界が共有されているると錯覚しているがゆえの幻想です。

実は、私たちの心は自らの業《カルマ》に閉じ込められていて、とても孤独なのです。

考えてみますと、私の一日と、相手の一日とはお互いに独立していて一緒ではありません。さらには、この一週間も、この一か月も、この一年も、この一生も、お互い独立しています。その中で一瞬、一時だけ交わっているに過ぎないのです。

その事実は、ぱっと見、受け入れたくないかもしれません。が、相手は相手で独立した世界にいるのだとわかっていれば、仮に相手が自分の気にくわないことをしても、相手ゆえに気にくわないのではなくて、単に気にくわなくなりたい業の衝動が自分の中で動いていただけだったと見直すことができます。そうすればへたに相手を責めたり、攻撃することがなくなり、円満な関係が築けることでしょう。

孤独な自分の世界の内部に隠された問題を見つめること。それが己のためなのです。

共有しているという幻想がさまざまな弊害を生む

世界を「共有している」という幻想ゆえに、さまざまな弊害が生じます。

例えば、恋人と二人でライブに行って楽しんだ記憶は一緒でも、その音楽家に対する感情や個々の楽曲に対する印象、そこから連想されるさまざまな想いは違います。表面上は「楽しかった」で一致しているので、あたかも世界が共有されているように思えますけれども、深層では、どれぐらい感動したかという感情の目盛りも違います。

何をどう感じるかは、私たちの記憶のフィルター（仏道では「想」と言います）を

1日目
よしっ！
この
年末年始は
ケータイも
パソコンも
切っておこう！
3日目
メール
気になる
けど…
まぁ
仕事始めに
なったら
返信すれば
いいか…

5日目
つまらないことにずいぶんふり回されてたんだなあ
すごく落ち着いて過ごせる
7日目　仕事始め
あれ？メール０？ブログのコメントも？
電源入れてても一緒だった？

通じて解釈され、感じ方が変わってきます。何かを見たり聞いたりするたびに、「想」のフィルターを通じて、潜在的にそれに関連する過去の莫大《ばくだい》な量の情報が参照され、それに基づいて、気持ち良いとか不快であるという感情が生じます。

ですから、一見、同じように快楽を感じていても、記憶のフィルターの違いによって決して同じものは出てきません。生まれた時からまったく同じ体験をして、同じ感情を持つ人間はいませんし、誰かに記憶をコピーして移植することもできませんから。

しかしながら、私たちは世界を「共有している」という幻想に基づいて、思いが通じ合ったと錯覚しているため、その結果、「君も自分と同じように考えるべき」とか、「同じような感想を持ってほしいよーッ」という押し付けをしてしまうのです。相手に同じ感情を強要しようとしても、記憶を相手に移植しない限り無理なことですのに。

ある意味、人には一つずつ宇宙があって、少しずつ交わりながらも、自分だけの宇宙に孤立している。

もしも、自らの宇宙の中に孤立しているという事実を受け入れられないとしたら、その元凶は、「寂しいよー、自分を愛してほしいョーッ」という依存によるものです。

私たちは、寂しがり屋なために、やたら他人と「つながれた」「共有できた」と錯覚したがるのですけれども、そのために人間関係がうまくいかなくなるのです。つまり、必死になって相手を自分と一緒にさせようとするので、うまくいかない。

孤独を受け入れないことで、世界は共有できるという錯覚が生まれ、結果、相手に求める感情が爆発し、余計に寂しくなっていくというスパイラルが生じてしまいます。

裏返しますと、もともと別々の宇宙なのだと思うことで、一対一の人間として接することができましたら、たとえ夫婦でも、たとえ親子でも、あくまで一定の距離をとりながら接することで新鮮な気持ちで過ごせるでしょう。

「実は世界は共有されていないんだね」。潔くそう覚悟することで、別世界は別世界として尊重することができ、お互いに独立したスマートな関係でいられるのです。

lesson 15

精進する

「寒すぎて元気が出ない」と口実を見つけてダラダラ怠け、「暑すぎてグッタリだよ」と口実を見つけダラダラ怠け、「もう夜遅すぎるから眠くてムリ」と口実を見つけてダラダラ怠け、「まだ朝早すぎて眠いからムリ」と口実を見つけてダラダラ怠ける。「お腹がペコペコで元気が出ないよ」と口実を見つけてダラダラ怠け、「食べすぎて苦しいから今はムリ」と口実を見つけてダラダラ怠ける。

こんなふうにあれこれ口実を見つけて君がダラダラ怠けるなら、財産が増えることなく、今までの財産は失われてゆく。

長部経典『六方礼経』

仏道で「怠惰《たいだ》」は特に戒められています。とにかく精進しなさい、というのです。私は「考えない」ことを推奨していますけれども、それは集中して何かに取り組むことによって思考が静まるということに眼目があります。あれこれ余計な考えごとに耽《ふけ》るのをやめるという意味で、何も考えずに怠けようということではありません。

また、怠惰はキリスト教でも「七つの大罪」の一つとされています。特にプロテスタントでは、ひたすら仕事に精を出しなさいという教えがありました。マックス・ヴェーバーによる『プロテスタンティズムの倫理と資本主義の精神』では、プロテスタントの「禁欲的労働に励むことによって社会に貢献する」という道徳観が資本主義の発展に結び付いたと分析しています。なぜなら、その道徳観に基づき、怠けずにひたすら働いて得た富を、贅沢《ぜいたく》や遊びに使わず、倹約して蓄財する人が多かったからです。

日本でも同様に、豪商の多かった近江《おうみ》商人の伝統的な言い伝えに、「売り手良し、買い手良し、世間良し」の「三方良し」がありました。これは当事者の売り手と買い手だけでなく、その取り引きが地域社会全体の幸福につながるものでなければならないという教えです。自分たちが遊ぶためではなく、社会のために倹約して働きましょうという、倫理観に基づいた商人道徳でした。

特に、豪商と呼ばれる人たちは、現在の会社の社長のように、多くの使用人を使っていました。社長と言ってもすべてが自分の持ち物ではなく、社長という役職を一時的に務めているだけといった具合で、その使命は利益を上げて社会に還元することでした。

暴利をむさぼらぬよう、消費者にとっても手頃な値段にし、会社が二〇〇年、三〇〇年と末長く愛されることを考えていたと言われます。つまり、自分にとって良いだけではなく、社会にとって良いことが求められていた結果として、会社自体の評判が良くなり生き残る、という循環があったのです。近江商人には仏教徒が多かったため、その商人道徳は仏教的な教えに基づいていたとも言われています。

このように古くから「怠けることは良くないこと」という倫理観は、人々の心にありました。しかしながらそうは思っていましても、実際はつい怠けてしまうものです。いやはや。

ブッダの言葉では、いろいろな口実を作って仕事を怠けるのを戒めていますけれども、この口実というのは、心にとっては、自分を騙《だま》せさえすれば何だって良いのです。一般に、最初から「ダラダラしようと思ってダラダラする」ことは少なく、むしろ

「頑張るはずだったのに、心がついつい口実、言い訳を見つけてダラダラしてしまう」ことの方が多いのではないでしょうか。例えば、同僚が自分ほど一生懸命に仕事をしていなければ、「あの人が仕事をしないなら、私だってやらなくていいや」と思って、やる気が起こらなくなってしまう。口実や言い訳は、作ろうとすれば何でもできてしまうのです。

疲れているとか、身体がダルいとか、体調が悪いという言い訳はよくありますけれども、もし本当に辛いなら、ダラダラしていないで早く休養してから頑張ることです。

それにしましても、そもそも人はなぜ、怠けたくなってしまうのでしょうか。「仕事をしたくない、ダラダラしたら楽だろうなあ」という気持ちの前提になるのは、あくまでも「普段は仕事をしている」ということです。怠けたいと思うのは、普段忙しく仕事をしているからであって、いつもの忙しさから解放されてダラダラするのが心にギャップを与えるから、気持ち良く感じるだけ。実際に仕事をやめてずっとダラダラしていたら、次第にその状態が苦痛になってきます。

例えば、定年になったら好きなことをやろうと張り切っていたのに、いざ定年を迎えてみたら、何だかストレスが溜《た》まって鬱々《うつうつ》としてしまったという話はよく聞きます。

怠けずに仕事をする生活には、時間割を次々とこなしていれば、余計な考えごとをしなくて済み、かつ生活に適度なリズムを与えてくれる効能があるのです。

怠惰とは、自らの苦痛をごまかして温存すること

昨今、働こうとも学ぼうともしていない、いわゆる「ニート」と呼ばれる方々は、二〇〇九年の時点で日本全国に六三万人もいると言われています。

こうした方々が働かずにラクできて、精神的に充実しているかというと、決してそうではないと思われます。その精神的ストレスは相当なものではないでしょうか。

ニートではなく、働きたいのに勤め先を辞めさせられたとか、就職先が見つからないという人は、働けない状態を明らかにストレスフルに感じているでしょう。けれども、働こうとしない人だって、苦しい。忙しさから解放されてダラダラすると気持ち良い、と先ほど申しましたけれども、ずっとダラダラしていると、心にギャップがなくなり飽和するのでイライラしてきます。(「脳の幻覚を見破る」の項参照)そのうえ、本当は自分がダラダラしていることに対する罪悪感を心の裏側に抱えていることでし

ょう。

家でダラダラしているのは、一見、ラクに見えるかもしれませんけれども、本人たちは心の奥底では知っているのです。周囲の誰一人とて、自分を肯定的には見てくれていないだろう、社会が自分のことを良く評価してくれることは決してないだろうと。

古代の仏道の経典にはしばしば、「智慧《ちえ》のある人が批判するような行為をしないように」という言葉が出てきます。一般的に考えても、真っ当な人から後ろ指を指されるようなことを自分がしているとわかっている状態で、自分のことを「すごく素敵なことをしているんだ」と胸を張って言えるかといえば、たぶん言えないでしょう。

罪悪感というのは、自分の中にいる裁判官が自分を責めたてている状態です。「なんで自分はこんなにダメなんだ」と、自分で自分を責めている。

その自分の中の裁判官を黙らせるには心に強い刺激を与える必要がありますため、頑張ってコンピューターゲームをやり続けなければならなかったり、漫画を読み続けなければならなかったり、インターネットをやり続けなければならなくなります。

なぜなら、何かに没入し続けていないと、ふと、それが途切れた瞬間に惨めな自分の現実が露出して、裁判官がダメな自分を責め始めてしまうからです。

そうやってダラダラ時間を浪費する状態が、果たして幸福でしょうか。

バーチャルな快感に没頭して自分を追い込み続けなくてはいけないために、快感を感じているはずなのに、無意識に「苦しいッ、苦しいッ」と自分を責めたてている状態です。表面的には楽しく興奮していても、潜在的には常に苦しみがまとわりついています。

それは、非常にストレスフルな状態と申せます。

ゲームやインターネットなどのバーチャルな世界に没入しなくてはならないのは、たいてい、現実社会で自分を肯定できないような辛い状況に置かれているからです。現実の自分を肯定できないという気持ちが、良心の呵責《かしゃく》や罪悪感となって、裁判官として自分を責めたてている。

結局のところ、怠惰というのは、自分の苦痛をごまかして温存することと申せます。そして、そのまま自分の苦痛をごまかして温存し続けると、ますます現実の自分と向き合えなくなってしまいます。

さらに申せば、誰しも怠けることは良くないことだと知っているからこそ、言い訳が必要になるとも申せます。

働こうとしない若者だって、たいてい言い訳を抱えているはずです。

「本当の自分は世界的なデザイナーになるはずだったのに、デザインの専門学校で才能もない教師に変なイチャモンをつけられたせいで、この偉大な才能が潰《つぶ》されてしまった。そんなものに迎合して中途半端なデザイナーになるぐらいなら、デザイナーなんてならない方がマシなのだーッ」などと、誰もが何かしらの言い訳を持っています。人よりプライドが少し高かったりするせいで、現実の自分を認められず、言い訳で自分をごまかして温存しているのです。

そして、そのように怠けている人は、「新しい財産が得られることなく、すでに得られた財産は失われてゆく」とブッダが言うように、結局、自分が損をします。

財産というのは、文字通り、お金などの物質的財産はもちろんのこと、精神的に蓄えてきた智慧や心のエネルギー、すなわち業《カルマ》なども含まれます。現実の自分と向き合い、受け入れることによって得られる心の穏やかさや、一生懸命に仕事をしたことによる充実感なども、大事な財産に含まれるでしょう。

lesson 16

不自由さを受け入れる

君の意思は君のものではない。
もしそれが君のものなら、君の意思は君の思い通りに動いてくれるだろうけれども、実際は君の思い通りには動いてくれないのだから。

相応部経典『無我相経』

今回は、実は私たちには自由意思などないのではないか、ということを考察してみましょう。

例えば誰かが仏道の瞑想《めいそう》に関して、「始めてみよう」とか「やりたくない」と思う際に、それはその人の「自由な選択」であり得るでしょうか。

最初のきっかけとして、その方が仏道の本を読んで「瞑想をすると人間関係の問題が克服できる」とか、「心が成長する」といったメッセージを入力されたといたしましょう。その情報に触れた時、「それなら、やってみたい」と思う人と、「別にやらなくてもいい」と思う人と、「いや、むしろやりたくない」と思う人がいることでしょう。

しかしながら、その時反射的に「やりたくない」と思っていたら、「やりたい」とか「やれるようにしよう」と思おうとしても、それは叶《かな》いません。反対に、反射的に心がやろうと勝手に決めていたら、「でも時間がもったいないから、やめておこう」と思おうとしても、やろうとします。それは入力された情報に対する、自動的な反射反応なのです。

ということは、本当はやりたいと思ったけれどやらないとか、やりたくないと思ったけどやる、という選択の余地は実際、私たちにはないのだと申せましょう。

もう一つ、例を挙げてみましょう。私は子どもの頃、親に「もっと人の気持ちをわかるようになりなさい」と言われていました。しかしながら、それは無理でした。

なぜなら、私自身が心の底から「人の気持ちがわかるようになりたい」とは思っていなかったからです。そうやって上から押し付けるような説教をされますと、条件反射的に心には反発が生まれます。「人の気持ちくらいわかってるよ、ちぇッ」と。

その反発心は自動的に湧いてまいりますので、そこには自由な意思はないのです。

もしも「人の気持ちがわかった方が良い」ということを非常に深いレベルで納得させられて、心底そうだと思った場合には、人の気持ちを理解したいという方向に気持ちが変わるということもあり得るでしょう。

ただし、もし「わかりたい」という気になるといたしましても、それもまた、「相手の言葉により、どれくらい強いショック情報が入力され、心が反応するか」という条件反射に過ぎません。実は、そこにも自由意思はない。

ありきたりな論法で説教されたら、つい反発してしまうのも条件反射ですし、説得力のある言い方で言われて納得し、そうしようかなと思うのも条件反射。

このように、ひたすら条件反射なのですけれども、一切自由がないのにそのことに気づかず、「自分の意思で動いている、これは自分の感情であーる、これは我であーる」というように錯覚をしているのが、一般的な人間のあり方なのです。

冒頭の言葉の中で、ブッダは「この意思は自分のものではない」という言い方をしていますけれども、世の中の人は二つに分けることができましょう。

一つは「目覚めている人」であり、もう一つは「まどろんでいる人」です。

いえ、誰もが目覚めているつもりでしょうけれども、自分が条件反射によって怒《おこ》らされたり、何かを求めさせられたりしていることを知りません。そういう意味で「まどろんでいる」ということです。

実は自由がないのに、そこに自由があると思い込み、ロボットのように動かされているだけなのに、「ロボットじゃない」と言い張っている。あるいは、自分が自由であると夢を見ているコンピュータ。これが「まどろんでいる」ということの実態です。

選択の余地があると思うからこそ、腹が立つ

例えば、ある瞬間に、自分より優れている人と会ったら、相手のデータがこちらの

心に入力されてすぐ条件反射的に意地悪なことを言いたくなる、かもしれません。

ある特定の条件下に立たされると、何かしら邪《よこしま》な感情がパッと出てしまう。私たちの中にそういうパターンがなければ出てきませんけれども、そういうパターンがあれば、もしもそうしたくないと思っていても、条件反射で勝手に出てきてしまいます。

意地悪なことを言いたくなる気持ちがチラッと湧いてきた時に、「これは自分で作っている大事な感情」と思い込んでいますから、ついそれに乗せられてしまう。

しかしながら、「この感情は勝手に潜在意識から芽として吹き上がってきたのだ、これは自由意思ではない、相手に反発する怒りの業《カルマ》が働いて生じる条件反射に過ぎないのだな、おやまあ」と気づくことができると、このコンピュータがやろうとしていたことに関して興味を失い、そのクセがスルッと取れます。

「あッ」と気づいてやること。この条件反射を崩す力が「念」、つまり「気づく力」なのです。こうしようと思っていたのが、気づいたら、「あ、自分の意思だと思っていたけれど、そうじゃないや、なーんだ」と、スッと消える。

ただし、少し複雑な話ですけれども、この「気づく力」もまた一つの条件反射です。

この話を読んで、「じゃあ、気づけるようにしよう」と感じるのも条件反射ですし、その結果として気づけるか気づけないかも、これまで積んできた業に基づいた条件反射で決まります。

ひたすら条件反射。しかし、その条件反射のパターンの一部に、条件反射そのものをぶっ壊すような仕組みが内在しているのです。それこそが「気づく力」すなわち念力で、それを育てようというのが、仏道におけるトレーニングです。

この「気づく力」というのは、最初からきちんと人間に備わっているものではありません。もちろんまったく備わっていないのであれば育てることは不可能ですけれども、少しなりとも備わっているなら、繰り返し使うことにより、鍛えることができます。

ですから、他の人たちは気づかないで条件反射の奴隷になっているけれども、私たちは気づけるように、目覚めているようにしましょう、ということなのです。

普段から意識をしていますと、ある程度、気づける瞬間、自分がロボットのように条件反射しているに過ぎないことに気づく瞬間が訪れます。

「あ、ロボットだ」と気づけば、感情の奴隷にならずに済みます。そしてまた、自分のみならず、他人もまた皆、不自由なロボットなのだと気づけるようになると、他人に腹が立たなくなります。

誰かに好ましくないことをされましても、「今、この人にはまったく自由がなく、条件反射でそれをやらざるを得ない状況なのだ。ああ、ロボットなのだ、しょうがないな」という感じで、受け入れる。

「そんな言い方じゃなくて、もっと別の言い方があったはずだ」というように、他の

ちゃんと報告してもらわないと困るんだよ
ネチネチネチ
すみません
イライラしちゃダメ!
部長はロボット…ロボット…
大体君はく

選択の余地があると錯覚していますので、私たちはついムカっとしてしまいますけれども、あいにく相手には選択の余地などなかったのです。

例えば、地震に遇《あ》ったら、地震が起きなかった可能性というのは想定しませんから、たいていの場合、諦めるしかないでしょう。ところが、同じように自分の家が潰れたにしても、誰かにショベルカーか何かで壊されたら、ものすごく腹が立つはずです。

その差は何かというと、地震の主体は単なる自然であり、そこには選択の余地がないけれども、人がやった場合、「その人にはやらないという選択の余地もあったのではないかしらん」などと心のどこかで考えるので、腹が立つのです。

しかしながら、実際には、その相手はそういうことをやりたくなるという衝動が湧いてきた時に、そこから逃れる術《すべ》はなかったのです。

ですから、「しょうがない」と受け入れる以外にありません。腹を立てたって、自分が苦しむだけの話ですから。

「ああ、この人もロボットか、しょうがない、なるようにしかならん」という感じ。物事はなるようにしかならない。なるようになる。訪れるべくして、訪れる。

そのことを受容して、ジタバタしなくなっていく、というのが、心が動じなくなっていくプロセスであり、心が楽になっていくプロセスでもあります。

心が楽になっていくプロセスとは、自分と他人の感情がどこまでも不自由で奴隷のようなものだという現実に気づき、そのイヤな真実に目覚めてゆく道のりです。まどろんだまま、「自分は自由だもんね」と夢を見ているロボット状態から目覚めて、自分自身の不自由さに一つひとつ気づいていくことが、結果的には自分の心の重荷を下ろしていくことになるのです。実はこれが「無我」のエッセンス。
それが腑《ふ》に落ちたら、少なくとも今日はきっと誰にも腹が立たずに済むでしょう。

lesson 17

この瞬間を生きる

過去を思い出してボーッとしないこと。
未来をイメージして妄想に耽《ふけ》らないこと。
過去はすでに過ぎ去った幻覚。
未来はまだ来ぬ幻覚なのだから。
現在、君の目の前にある物事を
その瞬間、その瞬間に、じぃーっと観察し体感する。
揺らぐことなく動じることなくそれを練習するなら君には、智慧が芽生えてくるだろう。
「今日、今ここ、この瞬間」にこそ、
意識を集中して夢中に打ち込んでいられるなら、
君には明日の心配など何にもない。

中部経典『賢善一喜経』

この『賢善一喜経』は、日本では「日日是好日経《にちにちこれこうにちきょう》」などと訳され、とても有名です。「一日一日すべての日が良い日である、だから今日を充実させて生きよ」のニュアンスで理解されることもありますけれども、本来は〝日々〟というより、〝一瞬、一瞬〟の話で、今この瞬間に意識が留まって充実しているかどうかが説かれています。

しばしば私たちは過去や未来に引きずられがち。特に過去が持つ力はとても強いものです。過去の嬉しかったこと、悲しかったこと、嫌だったこと。それらは心に強い刺激を与え、きっかけがあるたび繰り返し思い出してしまうことでしょう。

仕事をしている最中にも、「あ、これは前に失敗したパターンだ」と思い出してしまうと、「あの時のように失敗したらどうしよう」と過去に引きずられてしまい、その時点ですでに目の前の仕事にしっかり取り組めなくなってしまいます。

それは一見、過去だけに囚《とら》われているようで、「あの時はああだったから、今度もこうなったらどうしよう」などと、心はもう未来に走り出す。

目の前の事柄を認識した瞬間、心は勝手に過去に飛び、勝手に未来に飛んでしまう。その際にはもう目の前の仕事に意識を集中して取り組むことや、目の前の人と一緒に楽しむことができなくなってしまう。過去への執着が、目の前のものを見えなくいたします。

過去を悔いることと同様、過去を喜ぶことも、目の前のことを見えなくします。

過去を喜びたくなるのはどんな時かと申しますと、「今」がつまらない時です。今が充実しなくなってきたがゆえに、過去の充実感で埋めようとする、ということ。

しばしば、自分の業績や職歴を自慢する方がいます。そういう方は、「過去自慢」をすることで自分が立派だと思われたいのですけれども、聞いている側はむしろ相手の「今の惨めさ」を受け取ってしまいます。また、「過去自慢」をする本人も、やはりどこかで今の自分の惨めさが見えてしまっているので、その惨めさを覆い隠そうとして、より強くまわりの人を同調させたいと考え、「私はこんなに頑張った」とか、「○○はうまくいった」という自慢話をことさらに強調したくなるのです。

けれども結果的には、それによってさらに人に疎《うと》んじられてしまう。

それを続けていると、「今は別に充実しなくても大丈夫、過去で埋められるから」という心の習性が定着し、さらに今を充実させられなくなっていくのです。

ご褒美があるから楽しい、ないから苦しいの危険性

私たちが本当に充《み》ち足りて幸せだなぁと感じた時を思い返してみると、どれも例外なく「今やっていること」に集中している時だったはずです。

「いや、明日何かいいことがありそうでワクワクする、という状態が幸せだ」という人もいるかもしれません。けれども、実際にはどうでしょうか。

小学生の時、私は誕生日にファミコンのソフトを買ってもらえることになりました。その日を楽しみにしてワクワクしていたのですけれども、ついに前日に待ちきれなくなり、一日早くもらえないか頼んでみたのですけれども、ダメでした。「明日まで待ちなさい」と言われ、その夜はただ待つしかありません。その状態は一見、楽しいようでいて、実はとても苦しいのです。ソワソワ、ソワソワ、まだかな、まだかな、もうッ！ とイライラして、宿題も手につかないし、翌朝早く起きてファミコンで遊びたいのに眠れない。楽しいはずなのに、苦しい。その苦しさを、脳が「嬉しい」と錯覚しているのです。

お勤めをしている方でも、休日前の金曜日は週末が楽しみでむしろ仕事がはかどるという方がいるかもしれません。旅行がある時には、出発までに仕事をちゃんと片付けようと思って仕事も充実するということがあるでしょう。

しかし、それでは、おまけのようなものが付いているから仕事が楽しい、という「条件付け」を自分に与えていくことになり、そのご褒美が付かない時には苦しくなる、という条件反射パターンを心に溜めていくことになります。

つまり、週末が楽しいから金曜日が頑張れるという人は、月曜日が辛くなる。あるいは週末に楽しい予定がなければ、金曜日は仕事を頑張れなくなるかもしれません。自分にご褒美をあげるから今の仕事を頑張ることができるだけで、ご褒美があるから仕事が楽しめるに過ぎません。心はますますご褒美を楽しみにするようになるだけで、仕事だけではつまらないという認識がどんどん染み付いていってしまいます。

常に自分の鼻先にニンジンをぶら下げている、それも誰かにされているのではなく、自分でぶら下げているような状態であると申せましょう。

今、この瞬間の心の充足を積み重ねていく

ところで、仏道では、過去と現在、未来というものを、一般的に考えるより、非常に短いスパンで捉えています。

仮にこの2行前の文章を、私が声に出して話していると想定していただきますと、「未来というものを」のうち、「う」まで言っていて「も」を言っていない時は、「う」が現在であり、「も」は未来です。「い」を言った時が過去に属します。そういう、ごく瞬間的な次元の話です。

と言った瞬間に「次元の話です。」という言葉は過去のものになっています。今は「ます。」が最も新しくなり、と言っている最中に、「に、」が最も新しくなる、と言っている最中にはもう、「う、」が最も新しく……という感じで、どんどん新しいものに変わっていくのです。

その今の音に意識を集中させていれば、心は充足しています。けれども、最新の音に執着していても、それはすでに五秒前もしくは一〇秒前と、どんどん過ぎ去ってい

って、今一番新しいのは、「今一番新しいのは」と言っている言葉です。と説明している最中に、さらに新しくなっていく。けれども、それも次々に消えていきます。

新しかったものも、一瞬にして過去になってしまいます。

今見えている映像も、聴こえている音と同じように消えていき、常に最新情報に入れ替わっていくのです。

あ～　〆切り
間に合わない～
どうしよ～
でもこの前も
無事乗り越え
られたもんね！
打ち上げの
モツ鍋おいし
かったな～❤
過去に浸り

心はつい、過去にしたことや次に何をしようということに囚われてしまう仕組みになっています。けれども、そうやって今この瞬間を台なしにしていると、地に足がついていない、浮ついた感じになっていき、「現実」に心は密着しなくなっていきます。

目の前にある現在そのものを味わわず、過去や未来によって刺激的な印象を心の中に作り出していたら、現実感覚が欠落しているので、充足感が残らないのです。

心を現実から遊離させる過去のデータや未来のデータに対して心を奪われず、現実の身体感覚に心を密着させることで、感覚の臨場感が増して意識が冴《さ》えてまいります。今、目の前にあるものを瞬間瞬間にじーっと観察し、今どうなっているかということのみに、常に心を結びつけます。「今、今、今、今……」という感じに。「さっき飲んだ一杯目のお茶が美味しゅうございましたわ」と過去に囚われるのでもなく、「美味しいな、後でもう一杯もらおうかしらん、ルンルン」と未来に走り出すのでもなく、今、目の前にあるお茶をじぃーっくりと楽しむ。

今、この瞬間の心の充足を積み重ねていくことによって、結果として、未来の時間がやってきた時に過去も充足している。仏道は、そのコマ切れの瞬間瞬間をひたすら味わってゆく心のトレーニングなのです。

常に「今この瞬間」に集中し、未来や過去に意識がぶれるたびに「今」に戻ること。

そうすれば、どんな時も心の平静さが回復してまいります。

過去と未来という脳内データ処理に飲み込まれずに、今、目の前のことに集中し直しましたら、明日の心配など消えてなくなってしまう、ということなのです。

第3章

本当の自分を知る

今の自分をしっかり
認識することが
苦しまない第一歩

lesson 18

美化しない

君がキレイだと思い込んでちゃんと見ていないこの身体には、髪、毛、爪、歯、皮、肉、筋、骨、骨髄、腎臓《じんぞう》、心臓、肝臓、肋膜《ろくまく》、脾臓《ひぞう》、肺臓、腸、腸間膜、胃物、大便、脳髄、胆汁、痰《たん》、膿《うみ》、血、汗、脂肪、涙、脂肪油、唾《つば》、鼻液、関節液、小便がうじゅるうじゅると詰まっている。

君よ、このように足の裏より上、髪の毛より下において、皮膚に覆い隠されたさまざまなキレイじゃない物体で充満しているこの身体を観察し、「しょせんこんなものだ」と体感するように。

長部経典『大念処経《マハーサティパッターナスッタ》』

よくよく見てみましたら、人間の身体は内臓や脂肪や肉の塊に過ぎない。ブッダは随分生々しいことを言っています。

ブッダの経典には、このように身体の各部位をサイエンティフィックに分析し、キレイな外見だけに目を奪われてはいけない、と戒めているものがいくつもあります。

「身体は、骨と筋によってつながれ、深皮と肉とで塗られ、表皮に覆われていて、ありのままに見られていない。

身体には腸・胃が詰まっていて、肝臓の塊・膀胱《ぼうこう》・心臓・肺臓・腎臓・脾臓が詰まっていて、鼻汁・粘液・汗・脂肪・血・関節液・胆汁・油がある。

身体の穴からは、次々に不浄物が流れ出る。眼からは目やに、耳からは耳垢《みみあか》、鼻からは鼻汁、口からは胆汁を吐き、痰を吐く。

全身からは汗と垢を排泄《はいせつ》する。また頭蓋骨《ずがいこつ》の中には、ぐちゃぐちゃに脳髄が詰まっている。

なのに愚か者は事実を見ずに、身体をステキなものだと思い込む。

『経集《スッタニパータ》』194〜199」

私は瞑想《めいそう》指導の際に、「自分の身体に意識を集中してください」と申しますけれども、身体に意識を集中することと、身体に執着することは言葉のうえでは一見似ているようで、実際は正反対なことです。人は普段、自分の身体に執着はしているのですけれども、身体に意識を集中はしていないのです。

意識を身体感覚に集中すると何が起こるかと申しますと、筋肉が今こう動いているとか、ここに肉がついている、胃がここにある……など、細かい視点で客観的に身体を観察するようになり、結果として、あまり身体に執着することがなくなります。

しかしながら、全体をぼんやり、ざっくり見ていますと、現実の身体感覚を省略しやすくなり、身体感覚から遊離した「思考」が身体についてあれこれ評価をし始めます。例えば「何となく肌が衰えたなぁ、元に戻したいなぁ」とか「髪が抜けてきて嫌だなぁ、生やしたいなぁ」など、起きている現実の流れに逆らうことばかり考えて苦しんでしまうのです。

「髪が抜けてきたから、生やしたい」というのは、すべて妄想に基づいた執着です。髪が抜けていくのは自然なことであり、それを受け入れれば良いはず。

ところが人はどうしても、自分の身体が壊れていくということを、非常に大きな屈辱として捉《とら》えてしまいます。髪が薄くなっていくのを気にする男性は多いですし、肌が崩れていくことに対する強迫観念的な恐れを抱く女性も多いことでしょう。

こうして気にしたり恐れたりするとき、私たちの心の中で何が起きているか考察してみましょう。

「抜けるのがイヤ」とか「肌が荒れるのはイヤ」という思考をいたしますと、その裏返しのイメージが「欲しいもの」として思い描かれます。脳内において、「髪があることは良いこと」「肌がなめらかなのは良いこと」というイメージが作られます。

それらの「髪が増える」とか「肌がツヤツヤになる」というイメージ、すなわち幻覚が潜在意識を呼び覚ますため、本人は苦しんでいるハズなのに、心は気持ち良いと錯覚してしまうのです。心は気持ち良いと感じることしか実行しませんから、本人は実は苦しんでいてもお構いなしに「あーあ」とネガティブな思考にはまってゆくのです。

この程度のネガティブな思考は大した問題ではないと思われるかもしれません。しかしながら、一日のうちに何回も、やれ身体のどこが○×になった、今度は別のところが△×○になった、とストレスを感じるようでは、それらの「苦しみ」が溜《た》まっていき心の休まる暇がありません。

「足が痛い、イヤだ」「肩がだるい、イヤだ」「お腹《なか》が痛い、イヤだ」と現実の身体に対して否定的なエネルギーをぶつけるたびに、「そうじゃなくなればいいのに」という妄想が強まり、現実の身体感覚から心がますます遊離いたします。

身体感覚をありのままに感じることで「イヤだ」と反応するのをストップすれば、こういった「苦しみ」をちまちま溜め込むのをやめる練習になります。

死ぬことを体感すると安らかになる

私たちは刻一刻と老いていき身体は少しずつ壊れていきます。「老い」というのは、長い目で見れば緩慢に死んでいくことなのです。それは死ぬということをゆっくり体感していくということ。その現実を受け入れていれば、心は安らかです。

しかしながら、私たちの心に無意識的に強く組み込まれているのは、「何が何でも生きたい」という衝動です。そのせいで身体が壊れていくたびに苦しんでいるなら、いざ老人になり死を迎えるとき、どんなに苦しむことかが思いやられます。そして自分の生存欲求のためには、暴力も振るい、無茶を重ね、暴言を吐き、自分や周囲にダメージを与えてでも生きたい、と思うのが人間です。

何のためにそこまでの生存欲求があるのかというと、「この身体を維持したい」という強い執着心ゆえのこと。

そこで、このブッダのことばを思い出すのが解毒剤となります。この身体はしょせん、肉や内臓や液体の集合物に過ぎない、と。

肉や内臓や液体の集合物に過ぎないのだから、自分の身体についてああだこうだ考えたって無意味だよね、ということです。

自分の身体や容貌《ようぼう》に執着し、歳《とし》とともに衰えていくことを恐れても、しょせん、肉の塊に過ぎないことがわかってくれば、自分の肉体が老い、壊れていくことも受け入れることができるようになるでしょう。やがて穏やかな心持ちで死を迎え入れることができるようになります。

さらに私の解釈を加えますと、私たちは喜んだり怒ったり、常に喜怒哀楽を繰り返していますけれども、その喜びはしょせん、横隔膜の痙攣《けいれん》に過ぎません。あるいは、その怒りはしょせん胃酸の分泌過剰や、脳内でのノルアドレナリンの放出や、肝臓の緊張に過ぎません。あるいは、あることないことをあれこれ妄想しているとしたら、それは腎臓の緊張の結果に過ぎなかったりします。

人は「肉の塊」と認識して、余計な執着をリセットする

それは自分の身体だけではありません。どんなに美しい人であれ、どんなに好きな相手であれ、人間とは実際にこういうものからできているのだとはっきり認知しまし

たら、その相手が今、美しいから好きだとか、反対に老けたら美貌《びぼう》が衰えて幻滅してしまうとか、そういう次元ではなくなります。

キレイな表面だけを見ていると、相手に執着したくなり、知らず知らずのうちに幻想を作って、その幻想により自分と相手を縛りつけるようになります。

自分と同様に、相手の身体も肉や内臓の塊であり、皮で覆われているだけだと時にじっくり観察すれば、執着から逃れ、度を越した感情が変な方向に進むのを防げます。

それに、「二人で隣り合っていても、肉の塊が二つ並んでいるだけだよね」と考えると、少し孤独な感じになるでしょう。そういう孤立感をきちんと味わっておけば、ベタベタした馴《な》れ合いがリセットされ、相手との関係もリフレッシュしたものになります。

かつて「アイドルはトイレには行かない」などという妄説もありましたが、妄想形成がいかに現実の卑小な相手を無視するかということの証左《しょうさ》でしょう。妄想を作って相手を理想化すればするほど、現実の相手から乖離《かいり》し、それは相手に負担をかけるのです。

事実を正しく見ないことに基づいて、さまざまな執着が形成されます。度を越した執着は次第に相手を縛るようになりますから、時々、相手の身体の中に内臓や脂肪があり、胃の中のものが排泄物となり動いている……と、なるべく細かく認識すると良いでしょう。

要は、自分も他人も美化しないということ。

lesson 19

身体を見つめる

君よ、心を身体に向けて集中させて、前に進むにも後ろに戻るにも「進む」「戻る」とはっきり認知し、食器や衣類を扱うにも「持っている」とはっきり認知し、食べるにも飲むにも嚙《か》むにも舌が食べ物に触れるにも「食べている」「飲んでいる」「嚙んでいる」「触れている」とはっきり認知し、大小便をするにも「排泄している」とはっきり認知し、歩き、立ち、座り、眠り、目覚め、話し、黙るにも「歩いている」「立っている」「座っている」「眠りに落ちる」「目覚めた」「話している」「黙っている」と、はっきり認知する。

長部経典『大念処経《マハーサティパッターナスッタ》』

仏道修行の根本とも言える経典「大念処経」の中の自分の身体についての言葉です。

この言葉で言われていますのは、「身体をこう操作しましょう」ということではなく、「自分の自然な身体動作がどうなっているのかを、常に意識し続けましょう」ということです。

普段は、「今、本を持っている」と思っても、すぐにそのことを忘れてしまうでしょう。ところがここではそれに抗して、あえてそのことをずっと意識し続けるのです。「今、本を持っている、持っている……」「今、手を動かしている、動かしている……」という具合に。座っている状態から立ち上がる時は、「腰を浮かせている、今、腰を伸ばした、腰を伸ばした、立ち上がった、立ち上がった……」という具合に。

あらゆる動作において、今、自分がこれをしているという認識を保つ。

意識し続けることによって、常にその現象に対して集中するようにいたします。他のことや過去のこと、未来のことに意識をさ迷わせるのではなく、常にこの瞬間にやっていることの中に心を留めておきます。

話している時も、食べている時も、汗を拭《ふ》く時も、足を伸ばす時も、排泄している時も、鼻をかむ時も、ほとんど日常的な行為は意識することなく無意識にしてしまうでしょう。そうした無意識の動作をすべてなくし、細かいこともいちいち意識します。慣れないうちは、自分の行為をすべて心の中で言語化していくのも認知の練習として役立つこともあるでしょう。

「手を上げている」「本に手を触れている」「本を開いている」「ページをめくっている」「本を閉じている」「手を戻している」「手を戻し終わった」「手をひざに向けている」「手をひざに置いた」「暑さを感じている」「車の音が聞こえている」「足を動かそうとしている」……。会話中も同じように、「今、話している」「今、黙った」「今、話し始めた」「手を口の前で揺らしている」……。

普段からこれを心がけていれば、今していることを明晰《めいせき》に認知する訓練ができます。そして、悩み苦しみのない生活を送るための特効薬になります。なぜなら、悩む理由はただ一つ、今やっていることとは関係のないことを考えているからです。

「考える」というのは、「今これをしている」に意識を留めるのではなく、「次にこれをしたい」とか、「さっき、あんなことがあって嫌だった」など、今、この瞬間に行っていることから心が逃げてしまうことによって生じてまいります。

それをストップして、今している行為、例えば食べることにひたすら意識を向け続け、あるいは見ることにひたすら意識を向け続け、掃除をすることにひたすら意識を向け続ける。それも大雑把に動作を意識するのではなく、細かい動作も意識し、じぃーっと感じ続けていますと、それ以外の雑念は考えられなくなります。
すると、とても心が充実して、リフレッシュしてくるのです。

歩いている最中には、「今、右足」「今、左足」「今、右足」「今、左足」と現実の感覚に意識を向け続けることによって、考えごとが出てきにくくなります。

眠れない夜に考えごとをし過ぎてしまうとしたら、横になっている感覚に意識を集中し、「横になっている、横になっている」とずっと念じ続けていれば、その現実に意識が向いてきて、だんだん物事を考えられなくなってきて眠れるようになります。

このように、今やっていることを心の中で常に認知し、ありありと感じとること。これが本来の意味での「考えない練習」です。

そして実は、これが瞑想なのです。自分が行っていることを常に認識し、無意識の行為を一切消滅させていく。この時間を増やしていくと、そのまま修行者になります。

夢物語ではなく、この瞬間の現実を認知する

考えてみますと、いわゆる自己啓発と言われるものや、世の中で一般的に良いと言われているのは、現実を認識することではなく、おおむね夢物語を描くことではないでしょうか。立派な自分になれるというイメージを思い描きましょうとか、自分は素敵なのだというイメージを思い描きましょうというのは、今の現実から眼を背け、未来の茫漠《ぼうばく》としたイメージに心をさ迷わせましょうと言っているようなものです。

つまり、今この瞬間が充足しなくなるようなことを薦めているとも申せるでしょう。仏道では、それに真っ向から反します。たとえつまらないことでも、今この瞬間の現実をひたすら認知しましょう、現実そのものにしっかり意識を結び付けたら、余計な雑念が消えて幸せになりますよ、と。

ある時、「何をやっていても集中できません。集中するために唱えるような素敵な呪文があれば教えてください」というご相談をいただきました。

そういう時、一般的にはやはり「自分はできる、自分はできる、自分はできる」と

か、「大丈夫だ、大丈夫だ、大丈夫だ」「やるぞ、やるぞ、やるぞ」などと自分に言い聞かせる人が多いかもしれません。しかしながら、「自分はできる」とか「やるぞ」というのは決して現実ではありません。現実にないことを作り上げてしまうのが「考える」ことの機能なのです。それは現実から心が遊離してしまう性質を持っています。

そして、「やるぞ」と唱えていたら集中できるかというと、心に「やるぞ」という強迫観念を植え付けて疲れさせてしまうだけで、必ずしもうまくいきません。

実際は、「やるぞ」でも、同じ言葉を心の中で何度も唱えていたら他のことが考えられなくなってくるという点では集中できますけれども、今やっている行為そのものを心が認識する代わりに、「やるぞ」という抽象的な概念に囚《とら》われてしまいます。

いずれにしても、現実にないことに心が奪われてしまい、脳内ひきこもりを増すような性質を持っているのです。

ですから、非現実的なこと、いわゆる「呪文」を唱えるのではなく、今やっている現実を唱えるのが良いでしょう。

掃除に集中できないなら、「掃いている、掃いている」とひたすら唱えていると集中してきます。すると、やっていることが楽しく感じられるようになってきます。

過去や未来ではなく、今この瞬間に集中することが、充足感を生み出すのです。

もう一つの効用として、自分が今やっていることに意識を集中していると、無意識にしていた変な動作がなくなってきます。

例えば、貧乏ゆすりをしていたら、「貧乏ゆすりしている、貧乏ゆすりしている」と

意識を向け続けていれば、貧乏ゆすりは消えていきます。

話の最中に手をイライラと動かしていたら、「手を動かしている、手を動かしている」と認識します。無理にやめようとする必要はありません。無意識に行っている行為の情報を、しっかり大脳に送ってやるだけで、勝手にその行為は消えていきます。

その行為を認識すると、自然と変な行為は消えていく。仏道の真髄は、「やめようと

思ってやめるのではなく、意識すれば、自然に良くないことは消えていく」ということです。これが「智慧《ちえ》の力」。

姿勢が悪くなっていたら、特に姿勢を直そうとしなくても、「身体が曲がっている」という情報を大脳にフィードバックしてやっているうちに、自然と姿勢が整ってきます。身体が曲がっている状態をずっと続けているのが辛いと認識するので、身体が勝手に戻っていく。

疲れていて、だらっと変な姿勢で寝てしまう時がありますけれども、本当は変な姿勢で寝ている方が身体に負担がかかって疲れます。ねじれている自分の姿勢を意識すると、この状態が楽だと思っていた錯覚が解けていき、自然に姿勢が戻っていきます。

これは、身体の話だけではありません。

ある感情が出てきた時、その感情を無理に止めようと思っても止められませんけれども、その感情を見つめていれば、その感情は自然に消えていきます。

緊張している時に「緊張を止めよう」と思っても緊張は止まりません。仏道のアプローチは、緊張している感情にじぃーっと意識を向けて、「緊張しているんだね」と見つめることです。じぃーっとその感情を見つめ、「ああ、私は緊張して、自分を苦しめちゃっているんだな」と心が認識すれば、その時点でそのダメージを勝手にリペアしてくれる。

この瞬間にしていることを、ひたすら意識し、認知すること。その智慧の力が、余計な考えごとをなくしていき、自分にとって良くない行動をやめさせてくれるのです。

lesson 20

外見のこだわりを捨てる

「他人にこんなふうに見られたい」と君が思い込んで、ヘアースタイルをあれこれ気にして何になるのだい。

まるで君自身をキレイな商品として売りに出そうとでもするかのように、美しい高価な服をまとって何になるというのだい。

君は内側に汚れた心を隠して、外側の見てくれだけを取り繕っている。

『法句経《ダンマパダ》』394

自分を華美に飾り立てるのはあまり褒められたことではないというのは、ブッダに指摘されなくても、多くの方が何となく知っているでしょう。知っているからこそ、キレイに飾り立て過ぎている人を見ると、「キレイだな」とか「美しい」と感じるよりは「あまりお近づきになれそうもないな」と敬遠してしまったり、『自分』に過剰な興味を持っているナルシシストなんだな」と一歩引いてしまったりもするのだと思われます。

毎日、まるでファッション誌に出てくるような完璧なファッションとメイクをしている人が、本当にモテるかと言えば、必ずしもそうではないのではないでしょうか。

服装というのは、「自分はこういう人間ですよ」という自己主張と深く結び付いています。例えば、黒と白のフリルのたくさんついたお人形さんのような服を着ていたら、何となく「傷つきやすくて繊細な感情を持っている人」という印象がしますし、ロッカーのように破れた黒い皮のジャンパーを着ていたら、強面《こわもて》で反抗的な感じがします。かつて私が好んで着ていたような、裂け目や安全ピンがたくさんつけられた服なら、「社会からはみ出た虐《しいた》げられし者」といったイメージを醸し出します。

このように、過剰なファッションは、人に特定のイメージを与えてしまいます。

仏道では特定の価値観への執着から離れることを目指していますけれども、仏道実践者に限らず、平均的な感性を持っている人から見ても、「この人は自分の内面をあからさまに出し過ぎではないかしらん」という印象を受けるのではないでしょうか。

一例としましては、先日、電車の中で唇に棘《とげ》のピアスをしている方がいました。その唇に他人が触れたら痛いのですから、近づいたら危ないぞというイメージを醸し出している。もし、その格好がある種の人たちにカッコ良さを感じさせるとしたら、「自分は他者を欲していないもんね」という媚《こ》びないイメージを作り、私たちの心理をちょっとしたかたちで逆利用しているのかもしれません。

と申しますのは、もの欲しい感じや媚びた姿勢がカッコ悪いという思いは、何となく誰もが共有していることでしょう。単に「欲しくない」というニュートラルな状態を通り越して、強く「いらないぜ!」と媚びない姿勢が、カッコイイと思わせるのかもしれません。

しかしながらあらためて考えてみますと、強い反抗というのも、裏を返せば媚びているとも申せます。「私は媚びない人間なんだ。それをわかってよーッ」と媚びているのですから。ちなみに、「媚びない」ことが良いのは確かですけれども、かといって反抗もしない中道《ちゅうどう》を穏やかに歩んでいたいものです。

一九九〇年代に流行《はや》ったコギャルファッションは、「媚びないもんね」を突き詰めて、男性に好まれることを拒絶するかのような格好でした。一般的に、白く透き通った女性の肌を好む男性が多いと思われますけれども、その反対に真っ黒に焼き、眼のまわりに強烈な白い隈取《くまど》りをし、女性誌で取り上げられる「モテ服」を否定するかのごとく汚い格好やジャージで出歩く。まるで野生の象徴とも言えるワイルドさを前面に出した姿でした。

これも、人に媚びたくないという無意識的な思いかもしれませんけれども、だからこそ、強い同属意識が形成され、仲間意識の結束が非常に強かったようです。

反対に、露出が多くて胸元を強調するような、いかにも男性にモテたいという気持ちが前面に出たスタイルは、同性に「媚びていてイヤな感じ」と嫌悪感を与えてしまうかもしれません。

また、フリルやリボンのたくさんついた服は内側の幼さを強調し、「私は弱くて、守られるべき特別な存在なのですわ」と無意識にアピールしていますから、ある種の男性には「守ってあげたい」と思わせるかもしれませんけれども、同性からはその過剰な自意識が「ぶりっ子」と映るかもしれません。

好きな服ばかり着ていると、特定の精神パターンを固定化する

では、服装に頓着しなくて良いかというと、現代社会ではそうもいかないように思われます。服の目的というものを考えてみますと、最低限、局部を隠すという目的があるでしょう。また寒い季節には暖をとるという目的もあります。

そして現代では、ある程度、他者へのマナーとしてその場にふさわしい服装をしなくてはいけません。私は毎日同じ着物を着ていますので、今着ているものもだんだんよれてきてしまいましたが、これ以上ボロボロになると人を嫌な気分にさせてしまう可能性があります。これは他者に迷惑をかけることなので、戒めなければいけません。

いやはや。

自分の感情はとりあえず置いて、その場にふさわしい服を選び、他の人が嫌な気持ちにならないように心がける。汚れていたり、不潔だったり、チグハグな組み合わせ

だったり、サイズが身体に合っていなかったり、何かしら不適切な、その人の心の乱れがわかるような服装は、相手に脅威を与えてしまうので、気をつけたいものです。

先ほど挙げたような個性的なこだわりや自己主張も、自分の心の乱れの表れです。自分の好きな服ばかりを着ていると、特定の精神パターンがますます固定化していきます。お堅い服装に身を包んでいれば、カチコチした心に、だらしない服装でしたら、ダラダラした心を温存しやすくなります。

また、こだわり過ぎるのがなぜ良くないかというと、どうしても、自分を見てほしい、注目してほしいという自己愛《ナルシシズム》の感情と結び付いてしまうからです。

服装によって人から注目を浴びて現実の自分よりも良く見せたいと思っているのは、悪く申せば、見た目によって自己差異化し、周囲を騙《だま》そうとしているのです。見た目によって、現実の自分の足りなさを上乗せして、評価を高めようとしている。

例えば、ヤンキーファッションやパンクファッションで固めている方は、「自分はこういう人間って見てほしいヨーッ」とアピールしていて、本当の自分を隠していたりします。本当の姿は、それほど怖いヤンキーでも、ルール知らずのパンクロッカーでもないかもしれません。自分はそういう人間だとわからせようとしているだけで、実際にはそういう人間とは限りません。見てくれを取り繕っているわけです。

いつも華美な服を着ている方も、キレイな外見で見てくれを取り繕っています。

しかし、見てくれを取り繕っていても、実際は心にいろいろな矛盾を抱えています。

一見キレイに見えても、内側の心は汚いのです。汚いからこそキレイに見せたくなる。

そういう心の汚れゆえに出てくる取り繕いはやめ、公共性のある服装を常に心がけることによって、内側の汚れた心を修正するのが賢明です。自分のこだわりや偏《かたよ》りを入れないようにしようと努めることで、心の乱れも多少は修正されていきます。

なぜなら、自己イメージは、常に自分が何をしているかによって変わっていくからです。例えば毎日掃除をしているうち、だんだん掃除が好きになってくることがある

ように、現状に合わせて心は整いもし、乱れもいたします。

真面目《まじめ》な服は自分に似合わないから着ないとか、かわいい服は自分に似合わないから着ないと仰《おお》せになる方がよくいますけれども、自分の好みの中に閉じこもってばかりいると、閉じこもることがいつの間にか自己主張になってしまっています。

またしばしば、黒い服やボーイッシュな服ばかり着る女性がいますけれども、それは、何かのきっかけで自己否定するようなクセがついていて、本当は華やかな色も似合うかもしれないのに、女性的な魅力を自分から消してしまっているのかもしれません。はたから見れば本人が思い込むほどではないこともありますから、自分のクセとしての服装のパターンから抜け出す努力をしてみると新しい発見があることでしょう。

そのためには、自分にどんな服が似合うか、まわりの人に聞いてみるのも役立ちます。

自分が自分に似合うと思っているものは、自己イメージを補強する服であって、必ずしも似合う服ではないかもしれません。あくまで自分はこんな人間だとか、こんな人間でありたいというイメージを補強するだけで、もしかしたら本当に似合うものとは違うかもしれません。他人に選んでもらえば、自意識がこもらず、単にその人に似合うか似合わないかだけの基準によるものですから、良いかもしれません。

必ずしも今までの服を捨てる必要もありませんけれども、新しく買う服まで同じパターンにする必要はないのですから、違うバリエーションを増やすのも一興でしょう。

lesson 21

呼吸を静める

気づきのセンサーを、身体に向けて集中させること。

長く息を吸っているなら「私は長く息を吸っている」と気づき、長く息を吐いているなら「私は長く息を吐いている」と気づく。

短く息を吸っているなら「私は短く息を吸っている」と気づき、短く息を吐いているなら「私は短く息を吐いている」と気づく。

身体の状態に呼吸が影響を与えているのを体感しつつ、呼吸を静めて息を吐き出し、息を吸い込むように。

長部経典『大念処経《マハーサティパッターナスッタ》』

ここでは仏道の呼吸法について触れていきます。

仏道本来の呼吸法のポイントは、呼吸する方法を型にはめるのではなく、単に自分の行っている自然な呼吸を見つめ続けるということだと私は捉えております。

そして、呼吸を見つめていると自然に息が整っていきます。そうして静まっていくことによって、心が統一されてゆくのを待ちます。

自然な呼吸を感じようと心を集中させていきますと、自然に細くて滑らかで、とても長い呼吸へと、息が静まってゆくのです。これが「呼吸を静める」ということです。

いきなり呼吸を静めようとする前に、段階を踏んでみましょう。

まずは一定時間、自分の呼吸を見つめてみます。すると、呼吸が長くなったり短くなったり、浅くなったり深くなったりすることに気づくと思います。

例えば、何か話そうとする前、特にこれは言わなきゃという気持ちの時ほど、「すっ」と短くて荒い息を吸うでしょう。嫌なことがあった時には「はぁーっ」と普段よりやや長く息を吐くとか、反対に落ち着いている時には、するすると通る滑らかで、比較的長い息になるなど、さまざまな変化があるでしょう。

このように呼吸が常に変化しているのだと認識することによって普段は認知してい

なかった細かい変化に心が向かうことにより、意識がシャッキーンと覚醒《かくせい》いたします。それとともに身体が落ち着いて、呼吸は静まってまいります。

呼吸を静めるためのコツは、鼻先の一点に意識を集中して呼吸を感じることです。なるべく鼻先の細かい点を選んで意識を集中し、自分の呼吸を感じとっていきます。

『身体を見つめる』の項で、今やっていることを心の中で唱えれば集中しやすくなると申しましたけれども、呼吸の場合は、吸っている最中にずっと心の中で「すーーーっ」と音を響かせ、吐いている最中はずっと「はーーーっ」と音を響かせておくなどの工夫をしてみますのも、人によっては役立つかもしれません。

通勤中や仕事中など、思いついた時に呼吸に意識を向けてみるのも良いでしょう。その程度でも、心がリフレッシュいたします。それは、快でもなく、不快でもなく、ニュートラルなところに心を留めたということによって得られる充足感です。

快感に引きずられればドーパミンという脳内神経物質が放出されて興奮して疲れますし、不快感に引きずられればノルアドレナリンという不快を司《つかさど》る物質が放出されて疲れます。ニュートラルなところに心を留めて、落ち着いた状態になるとリフレッシュできるのです。

それを本格的に続けていますと、だんだん呼吸も静まっていきます。

呼吸をしっかり意識しながら、きちんと人の話を集中して聞くことができるようにもなります。呼吸に意識を集中すると、心がニュートラルになり、感情にのめり込まなくなりますから、話を聞くにしても、話をするにしても、平常心を保ちやすくなります。

また、自分の感情を見つめる際にも、自分自身の感情から一歩引いた客観性を保つためには、呼吸に意識を集中させながら行うのが大変役に立ちます。

呼吸を見つめ続けるクセをつけて「念」の力を養う

ところで、一般にため息というのは、うんざりしてムカついていることに対応して出ると思われがちです。しかし実際には、ため息は意識的に行われるものではなく、身体が悲鳴をあげて限界を超えそうな時に無意識的に回復しようとして行われるのだと私は捉えております。その直前まで、その人は浅くて荒い息をしていて代謝が不十分になっていますから、吐く息が長くないと、感情が乱れてきたことによって生じる不快な有害物質を捨てられない。

長い息を吐くと心が落ち着きます。ですから、ため息はイラッとするためのものではなく、少しでも落ち着こうという無意識の作用によって行われていると思われます。

ちなみに、怒っている人の息には有毒ガスが含まれていて、それを抽出して濃縮するとラットが死ぬという実験結果があります。体内から有毒ガスが出ているのですけれども、息が浅くきちんと外に捨てられない状態が続くと、とても苦しくなってくるのです。

しかしながら、瞑想して心が静まっていると、吸う息が非常に細く長くなり、ほんの微量ずつしか空気が入ってこなくなります。心が非常に落ち着いていると、身体の活動も緩慢な感じになってきて、酸素もそれほどいらなくなってくるように思えます。

これは私の仮説ですけれども、精神的に不安定な人や興奮している人ほど、酸素の必要量が増えるのだと思われます。「足りない、足りない」という感じになって酸素をたくさん吸おうとして吐かない。すると、どうなるか。「足りない」と吸い続けるせいで、パニック障害の人などは過呼吸になってしまいます。

荒い息というのは、本当は自分自身にデメリットをもたらしているのですけれども、意識のセンサーが杜撰《ずさん》なために、その苦しさが認識できていなかったりいたします。

このように普段、私たちの意識のセンサーは細かいものを認識できない、とても杜撰なものです。呼吸を認識するのはせいぜい嫌な気分になって「はあっ」と大きなため息をつく時や、走ってぜいぜい息があがっている時、喘息《ぜんそく》で呼吸が辛い時などでしょう。刺激の種類で申せば、ニュートラルな刺激ではなく強い快や不快の時にようやく認識できる程度です。自分の呼吸がどうなっているか、ほとんど把握していません。

ところが、意識のセンサーを鋭敏にすることで、呼吸の長短、強弱の加減に気づくことができるようになり、さらに自分の心の乱れにも敏感に気づけるようになります。息の乱れに気づけば、心にはそれを勝手にリペアする力が備わっています。それが「念」の力、気づく力です。

自分の状態を見つめ続けるクセをつけておけば、呼吸がおかしくなった時に「ハッ」と気づきますので、苦しい姿勢に意識を向ければ自然に整うように、苦しい呼吸に意識を向ければ自然に呼吸も整っていきます。

すなわち、普段は息が無意識的に苦しくなっていて、苦しいことに気がついていない。それをじぃーっと感じとり、大脳に情報として「ほら、苦しいでしょ」と認知させてあげますと、何もしなくても自動的に「こいつは大変だ」と修復してくれます。

この自動的な智慧の働きを活性化させるコツは、荒い息に気づいた時には荒い息を追い払おうとか整えようとかジタバタせず、荒い息と仲良くしてあげるように、荒いままに感じとってやることです。

短く荒い息が出ていたら、念の力によって、自然とリペアしようとする。自然と吐

苦手な上司との会議中
ちゃんと報告してもらわないと困るんだよ
ネチネチネチネチ
呼吸を整えるために退席
あの…すみませんトイレに行ってもいいですか?
おおいいよ

く息は長くなり、有毒ガスが捨てられ、身体が正常に代謝するようになります。

このように呼吸を通じて身体が整うことで、心の平安を保てるだけでなく、疲れも生じにくくなり、おまけとしては、肌や美容にも良くなるとも申せましょう。

5分後
なんだ やけにスッキリ してるな
よっぽど トイレをガマン してたんだな
いえ ちがいます
有毒ガスを 出して きたんです
いいよ 具体的な 報告は！

例えば、話をしている最中に自分の呼吸が乱れてきたと気づいたら、しばしその息

を見守っているうちに、自然に息が整うのを待ちましょう。それでもうまく整わない時は、あえていったん席を立って、自分の呼吸を見直してみましょう。

誰かと話していてムカッとなりそうになったら、中座してお手洗いなどに立ち、二、三分、呼吸を整えるのも、波立っている心を落ち着かせる良い方法です。

相手の顔を見ていることでイライラしたり、相手の声を聞いていることで興奮するなら、いったんそれを遮断し、相手を見たり聞いたりしなくて良い場に移って心を静めてから戻ってくる方が、ずっと冷静に相手と向き合えます。

そして、興奮して息が荒く短くなっている状態で、無理やり深呼吸するのはお薦めできません。「ハッ、ハッ、ハッ、ハッ」と荒くなっていたら、それに気づいてあげて、そのまま息の荒さを受け入れて感じてあげる。すると、自然に整います。

まさに「一呼吸置く」という言葉がありますけれども、一呼吸では足りませんから、一〇～二〇呼吸、自分の呼吸を見つめていると、自然に呼吸が静まっていくでしょう。

普段から呼吸を自覚することによって、念の力が働くようになり、呼吸が自然に穏やかになっていきます。「良い呼吸じゃなきゃダメ」という抑圧によって心を捻《ね》じ曲げることなく、問題が穏やかに解決していくことでしょう。

lesson 22

脳の幻覚を見破る

もしも君が、ひどい皮膚病で身体が傷つきただれ、蛆虫《うじむし》に食われているとしてみよう。君があまりの痒《かゆ》さに爪で肌を引っかけば、「気持ち良い」と感じるだろう。燃える木片を患部に当てたなら、「あー、痒さがまぎれて楽だ」と錯覚するだろう。

君の皮膚病ゆえに感覚のアンテナが狂って、触れたら本当は苦しいはずの火に対してさえ、「気持ち良い」という錯覚を得る。

君よ、それに似て、私たちの心の中にある欲望の火は触れたら本来は苦しいもの。

それなのに君は欲望を離れず、欲望の火災によって焼かれているのに、「痒さが紛れて気持ち良い」と脳に騙されている。君の感覚のアンテナが狂っているせいで、触れたら本当は苦しいはずの欲望に対してさえ、「気持ち良い」という

錯覚をしている。

中部経典『マーガンディヤ経』

昔インドで、重度の皮膚病にかかった人は、皮膚の痒みに耐えられなくなると、木片を炭火の穴に入れて焼き、その木片で傷口を焼いていたそうです。それで火傷《やけど》をしますけれども、その痛みのおかげで一時は痒みが消えるので、気持ち良いと感じていたのでしょう。

ブッダは、「治療を終えて治癒《ちゆ》した人をもう一度炭火穴に連れていったら、その人は肌を焼くだろうか」と弟子に質問しています。「いいえ、いったん治ったらもう焼くわけはないでしょう、なぜなら火は熱く苦しいから」と弟子は答えます。

普通の状態であれば、肌を焼けば苦しいだけです。しかし、皮膚病にかかっている人はひどい痒みによって身体の感覚が狂っているために、痒みの苦痛に対してさらなる激しい苦痛を与えることで、気持ち良いという錯覚が生じてしまう。

ブッダは、その皮膚病の痒みを、激しい欲望に囚われてもがいている状態にたとえました。そして、激しい欲望に駆られて貪《むさぼ》ることを気持ち良いと感じるのは、苦痛を気持ち良いと錯覚しているのと同じことだと言っています。実際は、欲に駆られていること自体が苦痛のはずなのに、その苦痛を消そうとして、爪で傷口をかき、炎で身を焼いているのを気持ち良いと思ってしまうのです。

実は私も、中高生時代、脂漏性皮膚炎という皮膚病を患っていました。チョコレートの食べ過ぎが原因だったと思われるのですけれども、いつも全身が痒く、ボリボリボリボリかきむしっていました。かけば気持ちが良いのですけれども、その場所は傷つき、ヒリヒリしてきます。頭をかきむしっていたら、その部分の髪の毛が抜けてしまいましたし、全身どこもかしこも引っかき傷だらけで辛いのですけれど、かくと気持ちが良いのでやめられないのでした。

普通ならかいたら痛いのに、感覚が麻痺《まひ》しているから、気持ち良いと錯覚する。これは、感覚の落差《ギャップ》による錯覚に過ぎない、ということ。

ところで、二〇一〇年の夏の終わりに、仕事上の知人からこんなメールをいただいたことがありました。

「今日は気温が三三℃になりました。三三℃なのに、とても涼しく感じますね。でもこの涼しさというのも、単なる落差《ギャップ》の錯覚なのですよね」

今日感じた涼しさも、連日の暑さから来る落差《ギャップ》によって感じているものに過ぎないという意味だったのでしょう。確かにそれはご明察で、考えてみますと、「涼しさ」というものは実在しないのです。

と申しますのは、二〇一〇年の夏のように三八℃や三九℃の猛暑日が続いた中で五℃も下がると、その落差《ギャップ》を神経が認知し、とても涼しいと感じるようになります。

ところが、もう本格的に秋口に入っていて二〇～二五℃ぐらいで推移している中での三三℃は、非常に暑く感じるはずです。

考えてもみますと、一〇年ほど前までの日本は、三五℃以上にはそうなりませんでしたから、三三℃になれば耐えられないぐらい暑いと感じていたことでしょう。そして、暑いと感じたことによって汗が出てきます。が、三八℃で汗をかいていた状態から三三℃に下がると、とても涼しいと感じて、そのためにむしろ汗が止まります。「涼しい」「暑い」というのは、脳の妄想により、こね上げられる感覚に過ぎません。もともとあった感覚が強い落差《ギャップ》を与えられると、そう感じるのです。

身体の痒みも、もともと「痒み」という刺激があり、それに対して、「引っかく痛み」という違う種類の痛みの刺激を強く与えると、その感覚刺激の落差を脳が強く認識します。すると妄想が生じる。この場合は「気持ち良い」という妄想です。

このように、脳には常に情報を改ざんする性質があります。苦痛を勝手に快楽に書き換え、自分の身体がただれていくのを勝手に気持ち良いとデータ改変し、ありのままではない幻を作り上げてしまう性質がある。つまり、脳は詐欺師なのです。

欲望に流されれば、さらに病は悪化するだけ

感覚刺激の落差《ギャップ》を指摘したこのブッダの言葉は、精神的なことにも当てはまります。

例えば、職場にいるAさんはいつも冷たい態度で、滅多に声をかけてくれないため、何だか嫌な人だという印象を受けていたとします。言わば苦痛が与えられている状態でした。しかし、そんなAさんがある日、「大丈夫?」と声をかけてくれた、それだけで、実はとても優しい人かもしれないとか、私に気があるのかもしれないと思って見る目が変わってしまった……というような妄想が、脳内生成される。

また、いつも掃除を全然しない子が、ある時掃除を手伝ったら、とても立派なことをしているような印象が生じてしまう。これらは、イメージの落差《ギャップ》に神経がショック

を受けるためです。その方たちは、普段何もやっていないために、少しやっただけで、とても良いイメージになって不当な得をするのも、脳の詐欺ゆえのこと。

また、いつもひどいことばかりしている夫に愛想を尽かし、妻の心がいよいよ離れそうになった時、誕生日プレゼントをもらっただけで妻は感動し、「プレゼントなんて今まで一度もくれたことがなかったのに、嬉しい！」と思ってしまうかもしれません。そこで「自分が大事にされたい」という欲望がかきたてられ、満たされるので、とても素晴らしいことのように感じるのですけれども、ごく普通のことをしているだけです。

また、反対の錯覚もあります。普段、完璧に家事をしていた奥様が、家事を少し簡略化しただけで、旦那《だんな》さんは奥様がものすごくサボったような印象を持ってしまう。けれども、平均値を見ると、明らかにきちんと家事はやっているのです。

これらは、刺激の落差《ギャップ》による妄想に過ぎません。その落差《ギャップ》によって妄想を作り上げているせいで、優しくない人を優しいと錯覚してしまったり、本当はきちんとしている人をきちんとしていないと錯覚してしまったりする。

ですから、自分の中に生じる「この人は優しい」とか「この人は冷たい」とか「暑い」「涼しい」といったイメージは決して実体ではなく、感覚の落差《ギャップ》があると、そこに印象が作り上げられる妄想、蜃気楼《しんきろう》なのだと認識しておくと良いでしょう。

また、自分自身も、寂しさや自己愛の「皮膚病」には気をつけておきたいものです。

世の中には、お酒を飲みながら、自分の過去の自慢話を延々とまくし立てるような

最近
彼が優しく
なったの
よかった
ねー！
3カ月ぶりに
連絡が
とれて
コーヒー
ごちそうして
くれたし

方がたくさん存在します。その場にいる人々は明らかに白けた表情をしているのに、過去の自分の業績について自分で自分の評価をしてしまう。

そういった方は普段、誰も自分を評価してくれないので、自分で自分を評価し、他人にも「だから、私を評価してね」とアピールしているのですけれども、すればするほど、まわりは引いてしまいます。

自慢話や自分語りをすることは、それ自体、苦痛のはずです。なぜなら、他の人は聞きたくないかもしれないことを無理やりねじ込むために、自分の心を緊張させながら行うことになりますから、それ自体、苦痛なのです。ある意味、自分の肌を引っかき、火で燃やすような行為と同じです。

ただ、もともと寂しいとか、自信がないという傷口があるので、その傷口を「自慢したい」とか「わかってほしい」という火で燃やしてしまうと、気持ち良いと錯覚して、やめられません。

ところが、そういった欲望に流されることは、さらに自分の病を重くします。ブッダの言葉で申しますと「炭火穴において身を焼くにしたがって、彼のそれらの傷口はいよいよ不潔なものになり、いよいよ悪臭がたち、いよいよただれ」ます。満たされていない心は、自慢話をすることによって、その傷口をさらにただれさせ、しまいには悪臭を放つまでになってしまう、ゆえに要注意なのです。

lesson 23

意見を離れる

君が相手の発言に対して「でも私はこう思うんだよね」と意見《かんがえ》をぶつけるのが大好きで言い合いを好むなら、誰といても心が安らがない。

自分勝手な意見《かんがえ》をアレコレ頭の中でこねくり回すのがクセになるせいで、君の心は歪《ゆが》んで妄想に飲み込まれてしまうだろう。

そうなってしまうともう君は他人のアドバイスも理解できなくなるし、私《ブッダ》によって説かれた心の因果法則《ダンマ》も理解できなくなるだろう。

『経集《スッタニパータ》』276

一般に、意見をぶつけ合うことは、良い成果をもたらすと言われます。確かに無謀な投資を周囲が論駁《ろんばく》したり、会議で意見を闘わせるなど、議論が発展的に働くことはあります。しかし、「言い合いを好む」となると話は別。

論争をすること自体が好きな人は、すぐに「でも…」と言ってどうしても自分の見解を言い張りたくなる。そして、そのこと自体が目的化して感じの悪い人になってしまいます。

うーん、なぜ、そんな寂しいことになってしまうのでしょう。

自分の見解に反するような情報が入ってきたら、せめて、その情報を理解したうえで、必要であれば穏やかに反論できればいいのですけれども、心に怒りがある時は、つい即座に何か言い返したくなって、言い合いを仕掛けてしまったりするでしょう。

そんな時、「ほら、だから言ったでしょ」という言葉がしばしば使われますけれども、考えてみれば、これは言い負かすことが目的化してしまった寂しい言葉です。

例えば、周囲の反対を押し切って商品を売り出し、それが結果的に売れたら、「ほら、だから売れるって言ったじゃない」と言いたくなるかもしれませんけれども、言ったところで周囲に軋轢《あつれき》を生むだけで、商品を良くすることには役立ちません。

しかし、私たちは自分に生じた思考が正しく、自分は優れていると強く思い込みたい性質を持っていますから、「この商品は売れる」と思うだけではなく、『売れる』という意見を持った自分は正しいのであーる」と二重構造的に思考が形成されるのです。ただ、誰しも「それは自分の個人的印象に過ぎず、間違っているのではないかしらん」と心のどこかで疑っています。自分は正しいはずだけれど、自信はない。自信がないからこそ、むしろ強く言い張ろうとするのです。

皮肉な話ですけれども、これは正しいという肚《はら》の底からの確信があれば、強く言い張る必要はない。闘わなくても良い、というより闘う気になりません。

しかしながら、自分の言葉に自分が芯《しん》から納得できていない時、私たちは相手を納得させることを通じて、自分を納得させたいのです。皆が納得している表情を見、賛同の声を聞くことを通して、自分の脳に周囲が賛同しているというデータを入れたい。

ですから、言い合いを好む人は自らの「足りなさ」を強引に覆い隠すように、一見、論理的に見えるような言葉や刺激的な言葉を使ったり、大声を出したり、手振りを大きくすることによって、強引に相手を説得しようとして相手を不快にさせてしまう。

意見にしがみつくと、目の前のものを受け入れられなくなる

さらに、相手の意見が自分の意見に反していなくても、何か一言、付け加えなければ気が済まないという場合もあることでしょう。

相手の意見に一応は納得しているにもかかわらず、自分の自尊心が「足りない」状態になっていて、余計な一言を言いたくなるのです。

お店で食事をした後に、「今のお店、美味《おい》しかったね」と言う相手に対し、自分も美味しいと思ったのに、「確かに味はマアマアだけど、接客がイマイチじゃありませんこと?」とか「サービスがダメだね」などと水を差すのも、余計な一言です。

先日、こんな例もありました。

自宅でパンを作ったので、皆に食べてもらおうと思って持ってきたAさんに、Bさんが聞いたのです。「それはもしかして、レーズンから天然酵母エキスを作ったの?」。

Aさんが「いや、残念ながら市販の酵母だよ。ベーキングパウダーは使っていないけどね」と答えましたら、それに対してBさんが言った言葉は次のようなものでした。

「あら、そうなの。でも実は簡単なのよ、レーズンから酵母エキスを採るのは。瓶にレーズンと水を入れて、しばらく漬けておけばいいんだから。簡単だから、やってみなよ」。

Aさんは、皆に喜んでもらおうと思って手作りのパンを持ってきたのですから、そのパンのことを話題にしてほしいと思うでしょう。

Bさんも、パンのことを話題にしてあげようとはしているのですけれども、この言い方では、相手を否定しているような、していないような、微妙なニュアンス。言われたAさんは、「私が否定されましたわ、がーん」とまでは思わないかもしれませんけれども、あまり良い気分はしないことでしょう。

Bさんはより良いものを薦めているつもりかもしれませんが、自分の中の「こちらの方が良いに決まっているもんね」という見解に強くしがみついているせいで、目の前にあるものを喜べなくなっているのです。「市販の酵母より、手作りの酵母の方が良いに決まっているッ」という見解が強すぎて、余計なおせっかいを押し付けたくなってしまっているのでしょう。

その他にも、人の書いた文章に対するコメントなど、余計な一言は日常的によくあることではないでしょうか。相手の意見がどうであれ、「それはそうなんだけど、でもサ……」と、あくまで自分の見解を言い張りたくなる。

そういう場合は、議論によって物事を良くしようという以前に、自説を言い張り「言い合う」こと自体を目的化してしまっているのです。

わかりやすく説明しているのに、なぜ伝わらないのか

自分の見解に反する意見が出た時、声には出さないまでも、心の中でバーチャルな論争をすることもあるかもしれません。「それは違う」「この人の言い分はおかしい」「やはり私の方が正しい」など、自分の脳内で相手をこてんぱんにやっつける。

が、そうしたことを繰り返していくと、自分の中の「これが正しいのであーる」という特定の見解に心がへばりつく度合いが強くなってまいります。それが強くなれば強くなるほど、その見解を補強するような意見には共感しても、相反する意見には共感も興味も抱きにくくなる、という心内ネットワークが作り上げられていきます。

さらに、「正しい」と思い込んでいる見解の数と強度がどんどん大きくなっていくと、

事態はより問題化していきます。自分の中の「正しい」に合致しない事柄が、共感どころか、認識すらされなくなっていくのです。

そうなりますと、自分の意見に反する情報が入ってきた時、聞いているつもりなのにボーッとしてしまい聞こえていない、見ているつもりなのに見えていないという事態に陥り、情報が欠落してまいります。理解する、理解しない以前に、物事を言われ

ても認識できず、いまいち話が通じなくなってしまう。きちんとデータを提示されても読み取れない、何を言われても何だか食い違うという事態に陥ってしまいます。日常的にもしばしば、こちらがこんなにわかりやすく説明しているのに、なぜこの人には伝わらないのか、と歯痒くなることがあるでしょう。反対に、相手の言葉がまったく理解できず相手をイライラさせるということもあるかもしれません。

それは、あまりにも興味が持てぬがゆえに、妄想や迷いの性質に飲み込まれてボーッとしてしまっているがゆえのこと。

ちなみに、仏道でいう法則《ダンマ》とは、心と身体がどのように変化してゆくのかを、AするとBになる、Cするとになる、といった具合に原因と結果の連鎖として表すものですけれども、そこにあるのはとてもシンプルな論理性と申しても良いでしょう。

なぜそれをまったく理解できない場合もあるかと言えば、心が乱れている場合は、むしろ乱れた内容なら納得できても、整ったシンプルさを受けつけなくなるからです。わかりやすさや論理性を受け取るためには、聞く側の心が、ある程度、整っていないと無理だからです。その意味では、話を聞く時は心を整えて欲や怒りを溜《た》めておかないことが一番。

そして、こちらが相手に話をする場合は、できるだけ刺激の強い言葉は使わず、わかりやすく平易な言葉を使った方が良いでしょう。時々、あえて相手を刺激するようなキーワードをちりばめて挑発的に話をしたほうが伝わりやすいと思われるかもしれませんけれども、それは逆効果だと思われます。

相手の自意識を刺激するような言葉や、利害関係に反するような言葉が含まれていると、聞く側の心はその刺激に電気ショックを受けて引きずり込まれ、それ以外の内容の部分をきちんと認知できなくなってしまいますから、本当に伝えたいことが伝わらなくなります。

特に相手を説得したい時は、刺激の強い言葉を周到に省いて、平易にお話しすることをお薦めいたします。

lesson 24

プライドを捨てる

他人を「それは間違っている」と決めつけ批判することによって君は、間接的に「自分は正しい」と印象づけようとする。自分の脳内で「あなたは間違っている、ゆえに私は正しい」という独りよがりな考え方をするなら、君の性格は生意気になっていく。

頭の中で「自分は正しい、ゆえに自分は完璧だ」と錯覚するのだから、君の脳内だけでなら好きなだけ王様になることもできるだろう。現実には王様どころか、つきあいにくい惨めな貧民になってしまうのだけど。

『経集《スッタニパータ》』888〜889

私たちは常に、「自分の考えは正しいのだ」と思いがちです。特に、おごりたかぶっている人ほど他人の言うことに耳を傾ける余裕がなくなっていて、自分と違う考えを言う人に対して、反射的に「そんなのはダメだ」と断定してしまいます。

けれども、私たちは自分の脳内でこねくり回された勝手な意見を「正しい」と思い込んでいるだけなのです。「自分の見解は正しい真理に達している、これは正しい」と心は常に思い込みたがっています。なぜなら、今この瞬間に自分が考えていることが正しくない、と思えないからです。「いや、さっき考えていたことは正しくなかった」と訂正はできますけれども、「さっきの考えは間違っていた」と今、考えている、「そのように訂正した自分は正しいのだ、訂正できた自分は素晴らしい」と思っている。最新で考えていることこそが絶対に正しいと思いたいのです。

しかしながら、心の底では、それが絶対に正しいと言えるわけでもないのは、どこかでうっすらとは分かっているのです。正しいと思いたいのに、思えない。ゆえにその自信のなさを抑圧するために「絶対的な自信を持ちたい」衝動が生じます。

しばしば、話し合いの途中で急にキレてしまう人がいるでしょう。別にまわりに反対されたわけではないのに、他の人のテンションが低いとか、温度差を感じると、自信がなくなって、「じゃ、もうやめちゃおう！」など極端なことを言い出すのです。

例えば、バンド活動などではよく仲たがいしたり、解散することがあります。

本当にやりたいことをやろうとしている芸術家は特にプライドが高く、傷つきやすいため、そういうことが起こりがちなのだと思いますけれども、バンドの方向性を熱く主張しているのに、メンバーのテンションが低かったりすると、本当は皆、嫌々賛成しているのではないかとか、自分がリーダーだからしぶしぶ従っているのではないか……などと感じ始めてしまうのです。自分の言っていることが正しいと思いたいのに、その正しさが脅かされてしまうと、自信が傷つけられ、すべてを壊したくなってしまうのです。

欲求が満たされないと壊したくなる

普段の日常生活でも、そういうことはしばしばあります。

恋人とピクニックに行こうと話していたのに、いざ日程を決めようとしたら、恋人のテンションが低かったといたしましょう。こちらが張り切っているのに、「あー、ピクニックね。うーん、来月以降なら何とか行けるかな」などと返されると、プライドが傷つけられて、「行きたくないなら別に行かなくていいよ、ピクニックなんて。ちぇッちぇッ」とスネてしまったりする。相手はテンションが低いだけで、別に行かないとは言っていないのです。でも、相手が自分と同じくらいの熱意で賛同してくれないと、途端に不安になったりしてしまいがちでしょう。

なぜなら、「ピクニックに行くという自分の意見は素敵なことなのだから、絶対に乗り気になってくれて当然だよね」と思っていたからです。それが相手にも同じテンションで同意されないと、とても嫌な気持ちになる。自分が素敵だと思っているのに、相手はそう思っていないらしい。ということは、この考えは正しくないのではないかと突きつけられているように感じてしまうのです。

例えば、お母さんが子どもに「今日のご飯、ハンバーグにしようか」と言ったとき、子どもが「わーい、ハンバーグだ、やったあ！」と喜んでくれたら嬉《うれ》しくなるでしょう。少なくとも「ハンバーグでもいい」と言われるより、「ハンバーグがいい」と言われた方がずっと気分が良いでしょう。なぜなら、子どもがこんなにハンバーグを喜んでくれるのだから、ハンバーグを作るという自分の意見は正しいのだと思えるからです。

ひいては、子どもに喜ばれているということを通じて、自分は子どもを喜ばせる料理を作っている、まわりから評価されている、母親として間違っていないという尊大な自我感覚を補強できるのです。

なぜ、そこまで他人を「だし」にして、自分は正しいと思わなければいけないのでしょうか。それは、自分の考えに自信がないからです。自信をつけたいのです。

このように、自信をつけたい、まわりから自分を評価してほしいという強い欲求があると、それが満たされないぐらいなら壊してしまいたいという衝動が生じかねません。

相手は別に反対しているわけではないのに、少しテンションが低いとか、全面的な賛同が得られないと、ピクニックなんてやめちゃおうという話になったり、ハンバーグが嫌なら弁当を買ってくるから、という極端な話になってしまったりして、すべてが台無しになってしまいます。おやまあ。

自分が正しいと思い込んでいるつもりで、実は心底から納得できていないので、他人をだしにして自信を得たいのです。Aさんも賛成してくれるから、この考えは正しい、Bさんもそう言うから正しい、Cさんも……というように、強制的に仲間を増やしたくなるのです。自分の意見の正しさを常に検証してみたくてたまらない、というおごりがあるということも申せましょう。

外界の変化に左右されない「平常心」を育てる

そのように考察いたしますと、「自信を持つ」ことは、実は危ないことではないでしょうか。

何かができたから、自分を評価する。誰かが賛同してくれたから、自分を評価すると嬉しく思える。アレもできたら、さらに自分を評価しよう。自信を持つということは、そうやって自分に「条件付け」をしていくことになるのです。そうすることで一時的な安らぎを得られるのですけれども、それが本当の安らぎかといえば、そうではありません。

なぜなら、「よくできたら、自分を認められる」という条件が付いているので、「できなかったら、認められない」と、自分を常に脅迫しているようなものだからです。

特に、「自分は完璧であーる」と考える人は、物事がうまく運んだ時には「自分はできる」「自分は能力がある」と自信を得ます。思い通りに物事が運ぶと、全能感が満たされて嬉しくなります。そして、「では、アレもできるに違いない」と、確実ではないことまでできると思い込みます。

しかしながら、ある仕事で成功して自信を持ったつもりになっても、次の仕事ではたまたまうまくいかないかもしれませんし、敵対する者や障害が出てくるかもしれま

なんじゃ
この髪型…
わぁ～
お似合い
です～
そ…そうスか？
新しい魅力が
出てます！

せん。

そんな場面に直面すると、自信のある人ほど、全能感を持つがゆえに、たった一つ失敗しただけで、あたかも全部失敗したかのような気分に陥ってしまいます。今までたくさん成功してきたことでありましょうのに、この失敗は人生の中でたくさんの事柄を積み重ねてきたうちの一つにすぎないという客観的認知ができずに、失敗したこ

とだけがまるですべてであるかのように目の前を一色で塗りつぶしてしまう。

そして、自分はダメなんじゃないか、など余計な思考に巻き込まれ、ぐじぐじ悩むうち、問題解決に乗り出すまでに時間が経《た》ってしまうことでしょう。自信などというものを前提にしていなければ、仮に物事がうまくいかなくても、いちいち傷ついたりせず、問題点を分析し、どうすればいいかと解決に乗り出して失敗を早く回復することができます。

何かができたら自分の中で評価を上げる、失敗したら評価を下げる……このような条件付けを儀式のようにいちいち繰り返す人は、外界の変化に対して、打たれ弱い性格になっていくのです。

そういう条件に依存せず、外界の変化に左右されない心が、平常心。真の意味で揺るぎなく、自分自身に拠《よ》って立っていれば、「何があっても大丈夫」と思えるのです。「自分を信じたい（すなわち自信をつけたい）」とも、「自分はダメだ」とも思いません。

見えるものや聞こえるもの、外からの情報に左右されず、自分の心はその中で完結していて、充足している状態。そして、何かを得たから、何かができたから、皆が賛同してくれたから私は素晴らしいという「評価」にこだわらないものなので、無条件のしなやかさが、そこにはあります。

まわりの人々の反応に傷ついたり、自信をなくしたり、あるいは反対に自分を高く評価したくなったら、それは真の強さや平常心がないがゆえの危険な反射反応なのだと認識して、落ち着きを取り戻す。これがまさに、「地に足をつける」ということの本質なのです。

lesson 25

死の準備をする

人の死を嘆くと心が混乱し、心が傷つく。嘆き悲しむことで、自分や相手にとって何の良い効果も生じない。嘆き悲しむことで心の安らぎは台なしになる。それどころか、より一層、残された者に苦しみが生じ、肉体がダメージを受けるだけのこと。

そのようにして、悲しみの毒で自らの肉体にダメージを与え、やつれて衰えてしまう。しかし、そうしたからといって、死んだ人に良いことは一切起こらない。ゆえに、嘆き悲しむことは意味のないこと。

君のまわりの人々も、自分の作った業《カルマ》に従って死んでいく。私たち生き物は死に捕えられて、この世で慄《ふる》えおののいている。

人々が「死にたくない」と考えてみても、結果は必ず死に見舞われる。「自分も必ずやこの人のように壊れて死ぬ」と意識すること。

『経集《スッタニパータ》』583～588

私たちの心は、センチメンタルになって自己陶酔することが大好きです。陶酔するための材料を見つけると、一定期間、陶酔し続けてしまう性質を持っています。

近しい方が亡くなってしまった時、心にぽっかり穴が空いて嘆き悲しみ続けるのも、自己陶酔の一つのパターンと申せます。

日本の社会では、そのように陶酔にひたり、悲しみ続けることは美しいことだと捉えられがちです。亡くなった方への想いが強いからこそ嘆き悲しむのだ、と。反対に、嘆き悲しまなければ、薄情な人だと言われてしまうこともあるでしょう。

しかしながら、表面上はたとえ美しく嘆き悲しんでいたとしても、嘆き悲しむということは、心のエネルギーとしては「現実を受け入れたくないッ」と抵抗しようとする、怒りのエネルギーを発していることに変わりはありません。

結果として、自分の身体に不快物質を作り出し、あまりに悲しみや苦しみが激しい時には、一気に総白髪になったり、シワだらけになったり、さらに頬《ほお》がこけ、肌や髪がカサカサになり、お腹の具合が悪くなり……という状況に追い込まれます。

嘆き悲しむことは、自分で自分の身体を痛めつけている状態と申せます。

そして、嘆き悲しむことによって、亡くなった方に何が届くのかというと、嘆き悲しみ苦しんでいる怒り、ネガティブな波動が届きます。

亡くなった方を縁として、怒りの波動を発しているというだけなのですから、何のメリットもありません。自分の心や身体を壊して、相手にもダメージを及ぼすようなことをしてしまっているのです。

それなのに私たちは、自分の心や身体を壊す破壊行為を行うことで、「これは相手のためになること」と、しばしば勘違いをしています。

例えば、お葬式に参列した時、遺族が泣きもせず粛々と死を受け入れているように見えたら、「あの奥さん、全然悲しそうじゃなかったわね」などと非難されてしまうような、いわば文化的コードのようなものが、世間一般にあるのではないでしょうか。

遺族は嘆き悲しんで苦しんでいなければ……といった暗黙の世間知《せけんち》のようなものが強要されているように思われます。

その世間知は、きっと多くの方が持っている「もしかしたら、自分が死んでも、誰も悲しんでくれないかもしれない」という不安の裏返しから来るものではないでしょうか。しかしながらそれは、自分が死んだらまわりの人全員に悲しんでほしい、自分のために苦しんでくれたら嬉しいという「欲」に他なりません。

自分が死んだらあの人が嘆いてくれる、ひょっとしたらあの人は心痛で身体を壊すかもしれない、などと考えて、それならば自分は生きている価値があるという思いを噛《か》み締めるのです。

実際には、自分が死んでしまった後に誰がどう反応するかなんて、絶対に知る由がないのですけれども。

こうした欲は、死ぬ側の心の歪みです。しかしながら、そうした心の歪みは多かれ少なかれ誰もが持っていますので、その心の歪みを他人も持っているのを知ったうえで、それに従うことが文化として定着しているのです。また、皆が悲しむことによって、その文化に同調し、「自分は相手のことを思っている人間なのだ、だから悲しむのだ」ということを周囲に、また誰よりも自分自身にアピールして自己陶酔してしまう。

この自己陶酔は、嘆いている私は良い人だとか、相手に対する想いがあるからこそ、という大義名分がある分、取り除きにくいもの。「相手が亡くなったことを受容しないことが、相手への思いやり」という概念が根強いため、なかなか手放せないのです。

悲しみよりも、慈悲の気持ちを

このような「人の死を嘆き悲しまないのは薄情」という概念を突き詰めてみますと、極端に申せば、「遺《のこ》された人は、やつれるべきだ」と言っているのだとすら申せなくもありません。悲しむのが美徳ということは、つまり苦しみなさいということでしょう。「自分が死んだら嘆き悲しんでほしい、いやいっそ、やつれてほしいよーッ」と願うような恐ろしい心理は、潜在的に私たちの心に隠れているものだったりします。

裏を返しますと、その概念の洗脳を解いて悲しみから離れるのには、ちょっとした勇気がいるかもしれません。「悲しまないなんて、私ときたらひょっとして薄情なのかしらん」と自分を疑う気持ちに襲われることもあり得ることでしょう。

いいえ、「薄情であり亡き人に対して興味がないから悲しまない人」と、「亡き人のことを大切に思っているがゆえにこそ、悲しみ＝怒りの感情に染まらぬように慈悲の心を保とうとして悲しまない人」とは、似て非なるものです。前者が相手を冷たく無視しているのに対して、後者は穏やかに相手に優しい思念を向けようとしているのですから。

このようにして、亡き人に優しく温かい心持ちをつくれた時点で、「死」という一見するとショッキングなものに対して、もっと冷静に、そしてもっとリアルに向かい合うこともできるはずです。

「ヒトは死ぬ」という、リアル。自分にとって関係のない人の死は普通、心にあまり影響を与えませんけれども、近しい人の死は「ああ、ヒトという生き物は確かに死ぬんだなあ」という厳然たる事実に向き合うチャンスも与えてくれる。

思いますに、「死」とは、私たち生き物のDNAに内蔵された生存本能にとって最大の脅威です。私たちはいつも、「死にたくないよー、自分だけ優先して生き残りたいんだ」という絶対的な生存本能に駆り立てられるがゆえに、他人を押しのけようとしたり非難したり我を通そうとして争って苦しみます。

それらすべての苦しみは、究極的には「死にたくない、死なんて見たくない」という生存本能に支配されるがゆえに生じているのです。

それを裏返しますと、「ああ、ヒトは、そして自分も、そのうち確実に一〇〇%死ぬのであろうよなあ」と理解していますと、「他人に迷惑をかけてでも自分の生存に有利にしたくてたまらない」という心の暴走が静まり、実はホッと安らぎます。

そのように考察してみますと、「死」を我がこととして腑に落とすことは、DNAの命令からの支配に対する解毒剤ともなるのだと申せましょう。

しかしながら、大事な方を失って悲しんでいる人に、いきなりこんなことを申しましても、とても受け入れられないことでしょう。

だからこそ、日頃から死について知っておく、死について覚悟しておくことが大事だと申せます。先述の『美化しない』の項で、身体は執着するに値しないというお話をいたしましたが、それを平素から十分にわかっておくことです。

身体は壊れていくもので、やがて死に至る。その当たり前の流れに従って、ただ死んだだけ。死というのは、私たちが思い込まされているほど重大事ではないのだ、と。「前から心に言い聞かせていたように、この人は死んでしまった。やがて私も、このように死んでゆくことだろう」と事実そのものを見る。亡き人の死をきっかけにして「自らも必ず死ぬんだ」と強くイメージする。

それは、単に亡き人の死を受け入れることにつながるのみならず、自分自身の死への恐れを取り除くがゆえに、いつか自らが死を迎える時にもジタバタ苦しまずに安らかに死にゆく準備ともなることでしょう。

前述の「生き残りたいんだ」というような絶対的生存本能への解毒剤を私に与えてくれたのだなあ、と思えば、大事な人の死をきっかけに自分が成長するのですから、その成長こそが亡き人への花むけになることでしょう。

死という事実をそのままそっと受け止めること、それがすなわち「悲しい」「苦しい」という感情を作らないトレーニングなのです。

そのようなトレーニングをしていれば、自分自身がいざ死に直面するときに役立ちます。

「死にたくないっ」とジタバタとして精神的に苦しむこともなく、穏やかに死を受け入れて、最期を迎えられることでしょう。

そう、良寛が書き残したように「死ぬる時節には死ぬるが良く候」と安らかに人生を終えられることこそ、とりあえず今世の人生ゲームでの麗《うるわ》しい「アガリ」となることでしょうから。

経典について

ブッダの死後、その弟子たちが集まって確認・編集したブッダの言行録が原始仏典と呼ばれるもので、経典の長さやテーマ等によって、それぞれ「小部経典」「中部経典」「長部経典」「相応部経典」「増支部経典」に分類されています。

なお本書で多く取り上げている『法句経（ダンマパダ）』『経集（スッタニパータ）』などはとても短いフレーズを集めた経典で、小部経典に属しています。

これらの経典にある古い文章を、現代の読者に心にすっと入ってきやすいようにと、工夫をして著者なりに翻訳いたしましたのが、本書に掲載したブッダの言葉になります。

著者が言葉を大胆に省略したり、元にはない言葉を補ったり、置き換えたりと、自由な意訳をおこなう形で、現代の息吹をふきこんだものとなっております。

（小池龍之介）

プロフィール

小池龍之介（こいけ・りゅうのすけ）

一九七八年生まれ。山口県出身。僧侶。月読寺（神奈川県鎌倉市）住職。正現寺（山口県山口市）住職。東京大学教養学部卒。自身のウエブサイト「家出空間」開設や、お寺とカフェの機能を兼ね備えた「iede café」を展開し、異色の僧侶として注目される。現在は自身の修行のかたわら、著作活動や月読寺、正現寺、朝日カルチャーセンターなどで一般向け坐禅指導を行っている。主な著書にベストセラーになった『考えない練習』『偽善入門』『もう怒らない』などがある。
ウエブサイト 「家出空間」http://iede.cc

鈴木ともこ（すずき・ともこ）

マンガ家、エッセイスト。東京都出身。出版社勤務を経て執筆活動を開始。著書多数。主な著書に『山登りはじめました』シリーズ、『強気な小心者ちゃん』シリーズ、『笑う会社』などがある。雑誌『ランドネ』で『鈴木ともこの山モノ手帖』を連載中。 山好きが高じて、2011年、長野県松本市に移住。2013年7月より、長野県観光振興審議会委員。
ウエブサイト 「ドロップ」http://home.n08.itscom.net/drop/

文庫版あとがき

「苦しみに気づく」ということ

小池龍之介

『苦しまない練習』が文庫化されるにあたりまして、単なるあとがきを記すより、新たな一章を付け加えるくらいの心持ちで執筆してみようと思い、机に向かっておりま す。

苦しまない練習。ふむーう、苦しまないための一番のコツとは、何でしょう。それは、自分が苦しんでいるということに、まずは気づくことです。

「はじめに」で軽く触れているように、ブッダは自らの教えの核心《コア》を、しばしば「四諦《したい》」として述べています。その四項目の一番最初に置かれているのが、「苦諦《くたい》」すなわち、私たちが苦しんでいるという真実に気づくことなのです。

①苦諦《くたい》：生きることの苦しみに気づく。
②集諦《じったい》：苦しみの原因は欲望だという真理に気づく。
③滅諦《めったい》：苦しみが滅せられる。
④道諦《どうたい》：苦しみを滅するトレーニング法。

簡単にすると、左のようになります。
①苦しみに気づく➡ ②苦しみの原因に気づく➡ ③苦しみが消える
こんなフロウチャートになっているということですね。

けれどもこれでは抽象的すぎて実感が湧かないことでしょうから、私が最近まで実際に苦しんでいた事柄を例にとりながら、つっこんで解釈してみましょう。

＊＊＊

私は最近まで、オーバーワークぎみに仕事をし続けていました。年に何冊も書籍を出し、頻繁に各種メディアの取材を受けて人目に自分をさらし、講演会や瞑想会を開き、ほとんど休日を取らずに働きづめでおりました。

それでも、忙しくなり始めの頃は、瞑想による精神力が漲《みなぎ》っていて、さほど疲れは感じずにすみました。

また、その頃は毎月ごとに一週間ほど仕事を休んで、修行に専念する「仙人モード期間」なるものを設定していたため、エネルギーを充電したり、自分を見つめ直したりしやすかったこともあり、心の平静さを保ちやすかったのでした。

とはいえ、その頃からじわじわと苦しみは私の心身を侵食していたのです。うーん、いまいち気づいていなかった。

たとえば、メディアの取材を受けるとき(特にテレビの場合)、期待される修行者のイメージというのをついつい意識して、通常よりも立派そうなことも言おうと力んでいたり、そんな背伸びのせいで、カメラの前に立たされてインタビューを受ける際にけっこう緊張していたものです。うーむ、自然体とは言いがたかったですねぇ。

このように疲れていたはずなのですが、当時の私は、以下のような考えによって現実を無視していました。

すなわち、「私は修行を通じて自己観察に習熟しているのだから、緊張してもそれを見つめてすぐリラックスできるんだ。そもそも、人の評価など気にしない訓練をしている自分が、たかがメディアに出るくらいのことで、人目を気にして背伸びするなんて、あるはずない」と。いやはや、やや大袈裟にして書きはしたものの、何とも「俺様」な、傲慢な思考でありますことよ。

こうした自分を現実《ありのまま》よりも、立派に見つもる錯覚を維持するために自分が苦しんでいるという事実を、素直に認めることができなかったのでした。

瞑想指導で長時間続けて指導するのも、「こんなので疲れるはずがない」という過信のため、時として疲れているという事実《データ》を、脳から遮断していました。

たしかに、瞑想修行にのみ打ちこんで他のすべてをやめ、人間関係も断ってひたすら自らの内面にのみ向かっていられた時期には、自分が悟りを開いたと勘違いするほど、内面が変容したように思われました。

ところが、「よし、これで自分はもう大丈夫」と勘違いして再び人間関係を持ち始め、本を出し、おそらくはその当時の先鋭化された精神で書いていたため、それが多くの読者に読まれることになり、その結果として予定外の忙しさの中に投げこまれてみると……。

まだまだ、全然「大丈夫」ではなくって、昔からの自分の欠陥が、たくさんよみがえってくるではありませんか。

最初のうちは、それこそ本当に、本が売れようと売れまいと、人から褒《ほ》められようと貶《けな》されようとまったく気にならないほど、心は鋭ぎ澄まされていました。

ところが徐々に徐々に、浮き世に揉《も》まれながら色んな欲望に流されたり、イラッとしたりしているうちに、昔ながらの「人目を気にして、評価が気になる自分」が、復活しはじめていたのです。

「批判されると苦しみ、褒められると浮かれる自分」や「気に入らない扱いを受けるとイライラッとする自分」や、「面倒なことはすぐ投げ出したくなる自分」などなども、徐々によみがえっていました。そしてまた、ちょうど本書では「親と仲良くなれた」と記していましたものの、その後ふたたび親とギクシャクしてしまう自分も復活しつつあったのでした。

しかしながら、私にとって不幸なことには、「苦諦」や「苦に気づくこと」の重要性を説いている他ならぬ私が、苦に気づかないなんてことがあるはずない、と思っていた節があります。弱い自分の本能がよみがえってきてしんどい思いをしていますのに、それらに気づこうとしなかったし、「気づこうとしていない」ということにも気づいていなかったのです。「立派な自分」のイメージを保ちたいがゆえに。

そうして、「自分の苦に気づく」という基本を半ば忘れてしまったまま、俺様モードでガシガシ仕事を続けていたのですが、郷里のお寺の住職に就任してしまったあたりからは、修行にこもる仙人モード期間もなし崩し的に消滅してしまい、心身への負担が大きくなっていきました。

そうして弱体化した自分を認めたくないばかりに、背伸びをして頑張りすぎた挙句、色々な要因が重なりあって、ついには体調を崩すに及びました。

体調を崩して、ハタ、と自己点検せざることを得なくなってからようやく、「ああ、自分は思っていたほどには成長していなかったんだなぁ。弱くて情けない自分なのだなぁ」と、我が弱点を受け入れる素直さが生まれたのでありました。

かくして、無視され続けてきた弱さを認めて「立派な自分」のイメージを手放したとき、それは不快であるどころか、重荷を捨ててスカッと爽やかになったように感じられたものです。

背伸びしなくてよくなったことの解放感。

そう、まずは①自分なんて苦しんでいる、小っぽけな存在にすぎないということに、素直に気づくこと。

そして、②苦しみの原因に気づき、それを（認めたくないはずですが）認め、受け入れてやること。すると、③苦しみは、おのずから癒える方向へと変化するのです。

なお、④苦しみを滅するトレーニング法とは、八正道《はっしょうどう》としてまとめられ、以下の八支からなります。

1．ありのままに見る。2．欲望とイライラを離れて思考する。3．欲とイライラを離れて話す。4．欲とイライラを離れて行動する。5．安心できる生活環境を整える。6．善業をふやし悪業を減らす。7．自分の内面を観察し、自分の状態に気づく。8．精神集中する。

こうしてつらつらと書き綴っておりましても、いやはや、八つも並んでいると、いざというときに「パッ」と思い出して実用に供するには不向きで、いささかゴチャゴチャしているのも、否めませんねぇ。

ところが、その本質だけを取り出すなら、ⓐ心をニュートラルで平静にしておくことⓑ自分に気づくことⓒ精神集中すること、の三点に尽きるとも申せます。要は心を集中して、己の実情に気づき、それをニュートラルにありのままに受けとめる、ということです。

このようにまとめてみますと、あ、なんだこの⓪〜ⓒ三点はすでに、先程の①〜③の流れの中に含まれていたなと気づいていただけるのではないでしょうか。

①は精神の集中した状況において、自分の苦しみへの、ありありとした「気づき」が働かないと、成り立ちません。

②については、自分が好きでやっているつもりのことこそが実は苦しみの原因になっていると気づくだけでなく、それを受け入れて素直に認める、心のニュートラルさ＝平静が必須です。さもなければ、自分の弱さに対して「こんなはずじゃないのに」と嫌悪し、打ち消して立派な自分を保とうと背伸びするでしょうから。

①己の苦しみについて精神集中した状態で気づき、②その原因を平静に、ありのままに認めさえすれば、無理に苦しみを消そうと力まなくても、③苦しみは自然に癒えてくれるものです。

いわば集中状態において機能が活発化した大脳に向かって、「自分は苦しんでいますよ」というデータと、「その原因はこれですよ」というデータのみを送ってやれば、あとは大脳の自浄作用が「それでは治しましょうッ」とばかりに働いて、自然に問題が解決し、苦しみが癒えるのです。

「苦しみを消したい」「はやく消えてくれ」と願うなら、その自浄作用はスイッチ・オンにならないというのがミソです。「消したい」とか「早く」というイライラや欲求が入りこんでしまうと、大脳はいつも通りの平凡な働きしかできないのです。

ですから先を急がずに、苦しみと、苦しみの原因にただただ気づき、そしてそれについて良いとか悪いとか何も判断せずに、純粋なデータのみを大脳に送信してやることがポイントということですね。

私の事例で申しますと、「自分は苦しんでなんかいない」という無知から転じて、「背伸びしようとする慢心が原因で苦しんでいることよなあ」というデータを、ありのままに認め、大脳に送ってやることで、苦しみが部分的に自動治癒したという塩梅でしょう。

かくして、心が「立派じゃなくてもいいんだ」と安心してしまいさえすれば、仕事の量や配分を今の自分の身の丈に合ったものへとダウンサイズする勇気も、自然についてきます。結果、私の場合は自分に対しても他人に対しても、「今の自分は、こんなものにすぎません」と公開できる領域が増えて、ずいぶん生きやすくなったように思われます。

皮肉にも、そうしてリラックスした結果として活力や集中力、気づきもまた、復活しつつあるようです……が、前の失敗もあることですから、過信は禁物ですね。

＊＊＊

さて、これまでは具体的かつ「あるある」と思ってもらえそうな「苦」の話をしてまいりました。

まだ紙幅も残っていることですから、ここから一歩踏みこんで、もう少し微細で本質的なレベルでも、苦の話をしてみましょう。

仏教語でｄｕｋｋｈａ《ドゥッカ》というのが「苦」と訳される言葉ですが、その原義は「苦《ドゥ》」と「空虚《カ》」から成ります。「ｄｕ」とは「嫌」という意味で、「Ｋｈａ」とは「不安定」であり、実質がないという意味です。ブッダが苦諦において「苦しみに気づく」というのは、本質的なレベルにおいては、「全ての現象は空虚であり、私たちに苦しみをもたらすものでしかない」ということに気づくようにと促しているのです。

「空虚である」ということを、もう少し分かりやすく換言するなら、いかなる現象を手に入れたとしても、結局この心は「不満足である」ということです。仕事で大成功を収めても、最初のうちは嬉しいでしょうけれども、やがてはそれに飽きて嬉しさは消え、心は再び不満足に戻り、苛立ち始めます。

私が一冊の本を満足ゆくまで加筆修正をして、完成の達成感を味わったとしても、その達成感は数時間は持続するものの、すぐ減っていき、やがて心は不満足に戻り、落ち着きを失います。

また、とても相性の良い異性と相思相愛になれても、身近にいると相手の欠点ばかり見えるようになり、不満足さの中へ逆戻りします。

あるいは、瞑想に打ちこんで深い深い集中状態へと沈潜して一時的な平安を得たとしても、数日後には、諸行無常、やがて心は不満足へと戻ってゆくのです。

すなわち、仕事の大成功を得ても、達成感を得ても、素敵な恋人ができても、そして瞑想の深まりを得てすらも、心は必ずや不満足になるのです。

「絶対に、不満足に戻ることにしかならないんなら、一時的に楽しく思えるとしても、そんなもの空虚であり無意味だと思わないかい？」と、ブッダは私たちに問いを投げかけているとでも申せましょうか。

つまり、ブッダはもしも本当に得るに価するものがあるとするなら、それは完璧にこの心を満足させきって、二度と不満足を感じさせないものであるべきだ、と考えていた節があるように思われます。

だからこそ、どんな現象であっても、しょせんは心を完璧に満足させることはないのだから、それらは全て空虚なものであり、得るにも価しないし、執着するにも価しないと知ることで、すべての執着を手放してしまえるという論理が、仏教の根幹に据えられているのでしょう。

ただ、ブッダの「満足」への基準が完璧主義すぎるように言いましたものの、よくよく真剣につきつめてみるなら、人間の心が本当に望んでいることとは、「これを手に入れれば幸福になり、その幸福が二度と自分を裏切ることのないようなものを手に入れたい」ということのようにも思えます。

私たちが色んな人を好きになり追い求めたり、色んな仕事や趣味にチャレンジするのも、根っこのところでは、その欲求がどこかにあるからでしょう。

私も空虚ということを半ばは思い知っているはずなのに、「こんどこそ、この人とならば不満足に戻らず、一緒に幸せになれるのでは？」という幻想を抱くがゆえに、懲りずに新しい恋に落ちたりもするものです。

けれども、ブッダが説く「苦諦」は、そういった甘い見通しを、完膚《かんぷ》なきまでに破砕する激薬なのです。

実際のところ、人間の脳は何を手に入れても不満足に陥るという構造的欠陥を抱えているのだ、という厳然たる事実に直面してみますと、心がシィーン、と静まり返る心地がいたします。「そうか、これを手に入れてもどうせ不満足なら、そんなに執着《こだわ》らなくてもいいや」といった風情に、心がおとなしくなるのです。

そういった気づきを究極まで押し進めるなら、「一切皆苦」＝「一切行苦」すなわち、「すべての現象は空虚で不満足をもたらすものでしかない」という諦念が心に定着し、もはや何も追い求めず何も期待しなくなるがゆえに、もう心が何事にも苦しまなくなるという悟りに至るのだとされています。

その境地そのものへと悟入《ごにゅう》することは困難を極めるうえに、「そこまではちょっと……」と尻ごみされるかもしれませんね。いえ、私も最近のところは尻ごみしているからこそ、中途半端にフラフラと修行をしているのかなあ。

とはいえ、「ああ、しょせんは苦、空虚、不満足かあ」という気づきは、微弱な気づきではあっても、執着と苦しみを減らし、私たちをクールにしてくれるのです。

執着により煮詰ったときは、この苦諦の薬を一錠飲んで、現状を打破してみませんか。

二〇一三年　中冬の小春日和に

山口の正現寺にて著者記す

本書のプロフィール

本書は、二〇一一年四月に小学館より発行された単行本『ブッダにならう　苦しまない練習』を改題、あとがきを加筆し、文庫版として刊行されたものです。

小学館文庫

苦《くる》しまない練習《れんしゅう》

著者　小池《こいけ》龍之介《りゅうのすけ》

二〇一四年一月九日　初版第一刷発行

発行人　稲垣伸寿
発行所　株式会社　小学館
〒一〇一-八〇〇一
東京都千代田区一ツ橋二-三-一
電話　編集〇三-三二三〇-五八〇六
販売〇三-五二八一-三五五五
印刷所 ——— 図書印刷株式会社

ISBN978-4-09-408893-9

たくさんの人の心に届く「楽しい」小説を！

第16回 小学館文庫小説賞 募集

【応募規定】

〈募集対象〉 ストーリー性豊かなエンターテインメント作品。プロ・アマは問いません。ジャンルは不問、自作未発表の小説（日本語で書かれたもの）に限ります。

〈原稿枚数〉 A4サイズの用紙に40字×40行（縦組み）で印字し、75枚から150枚まで。

〈原稿規格〉 必ず原稿には表紙を付け、題名、住所、氏名（筆名）、年齢、性別、職業、略歴、電話番号、メールアドレス（有れば）を明記して、右肩を紐あるいはクリップで綴じ、ページをナンバリングしてください。また表紙の次ページに800字程度の「梗概」を付けてください。なお手書き原稿の作品に関しては選考対象外となります。

〈締め切り〉 2014年9月30日（当日消印有効）

〈原稿宛先〉 〒101-8001　東京都千代田区一ツ橋2-3-1　小学館　出版局「小学館文庫小説賞」係

〈選考方法〉 小学館「文芸」編集部および編集長が選考にあたります。

〈発　　表〉 2015年5月に小学館のホームページで発表します。
http://www.shogakukan.co.jp/
賞金は100万円（税込み）です。

〈出版権他〉 受賞作の出版権は小学館に帰属し、出版に際しては既定の印税が支払われます。また雑誌掲載権、Web上の掲載権及び二次的利用権（映像化、コミック化、ゲーム化など）も小学館に帰属します。

〈注意事項〉 二重投稿は失格。応募原稿の返却はいたしません。選考に関する問い合わせには応じられません。

第13回受賞作
「薔薇とビスケット」
桐衣朝子

第12回受賞作
「マンゴスチンの恋人」
遠野りりこ

第10回受賞作
「神様のカルテ」
夏川草介

第1回受賞作
「感染」
仙川 環

＊応募原稿にご記入いただいた個人情報は、「小学館文庫小説賞」の選考及び結果のご連絡の目的のみで使用し、あらかじめ本人の同意なく第三者に開示することはありません。